조선말화

* 이 성과는 2010년 교육인적자원부의 재원으로 한국연구재단의 지원을 받아 수행된 것임.
(32A-2009-1-A00127)

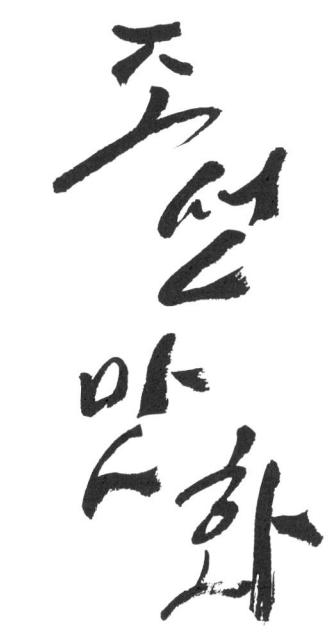

100년 전 조선, 만화가 되다

【한일비교문화세미나 역저】

어문학사

서문

4년 전부터 우리 한일비교문화세미나팀은 식민지 조선에서 가장 장수한 잡지 『조선』(1908년 창간, 1911년 이후 『조선급만주』로 개명)을 읽기 시작했다. 한국연구재단에서 지원받은 공동연구 프로젝트의 일환이었는데, 그때의 관심은 당시 일본인들이 조선에 관한 지식을 저널리즘의 장(場)에서 어떻게 생산·분류·유통했는지에 있었다. 그러던 중에 흥미를 끈 것이 그 잡지에 수록된 만화 컷들이었다. 그 만화들을 그린 사람이 도리고에 세이키(鳥越静岐)라는 인물이며, 또 그가 『조선만화』라는 단행본을 출간했다는 사실을 알고 한층 더 관심을 갖게 되었다.

최근 학계에서는 식민지 시기 학술사 혹은 지식사에 크게 관심을 기울이고 있다. 그러나 사실 그간 학계에서는 학술의 영역인 아카데미즘 바깥의 지적 활동을 통해 이뤄져온 무수한 결과물들에 대해서는 조금 간과해온 측면이 없지 않다. 특히 아카데미즘이 확립되기 전인 식민지 초기 조선의 저널리즘은 조선을 둘러싼 지식을 다양한 방식으로 활발하게 생산·분류·유통하였으며, 이후의 아카데미즘 및 저널리즘을 통해 성립된 '조선 知'에도 끊임없는 영향을 미쳤기 때문에 주목할 필요가 있다.

이 책에서 중요하게 다루고 있는 『조선만화』는 그 대표적인 텍스트라 할 수 있다. 더구나 이 텍스트는 제목에서 '만화'라는 시각예술의 장르를 전면에 내세우고 있다는 점에서 동시기에 찾아보기 힘든 독특한 텍스트이다. 『조선만화』의 공동저자 중 한 명으로 만화를 담당한 도리고에 세이키는 2년여 동안 조선에서 체류했던 화가였다. 그는 이 텍스트를 통해 조선에 '만화'라는 용어를 남기고 간 인물이기도 하다. 그런 그에 관해 조사하다보니 더 흥미로운 사실을 발견할 수 있었는데, 그것은 바로 그가 1924년 일본에서 발간된 일본 최초의 만화사인 『일본만화사』(雄山閣)의 필자인 호소키바라 세이키(細木原青起)와 동일 인물이라는 점이다. 그는 일본으로 건너가 개명한 후 『일본만화사』를 저술한 것이다. 그 책에서 그는 '일본 재래 만화의 성쇠, 추이'를 밝히고자 했으며, '독립된 예술'로서 만화라는 장르를 강조했다. 또 다른 공동저자로 만화의 해설 및 논평을 담당한 우스다 잔운(薄田斬雲)은 당시 기록에 따르면 '경성의 내지인 사이에 순문예적 운동의 초막을 연' 인물이었다. 당시 두 사람은 모두 경성일보 기자였다. 그들은 식민지에 거주하는 저널리스트로서 '내지'의 일본인들이 쓴 조선에 관한 글과 그 시선과는 차별화된 관점을 내세우며, 조선에 대해서는 누구보다도 잘 알고 있다는 자신들의 위치를 강조했다. 즉 재조일본인이라는 자의식에 근거한 이 기획을 두고, 그들은 '조선토산'의 출판물이라고 강조했던 것이다.

이 책은 크게 네 개의 장으로 나눠져 있다. 우선 I장에서는 『조선만화』라는 텍스트의 구성과 기획의도, 그리고 그 특성과 의미를 살피고, 그것을 어떠한 방식으로 읽어야 하는가를 중심으로 다루었다. II장에서는 100여 년 전 일본인들의 눈에 비친 조선 모습의 재현에 충실하고자 한다. 『조선만화』라는 텍스트의 번역 작업이 바로 그것이다. II장의 번역은 결과적으로 보면 만화의 해설 부분만을 번역하는 것처럼 보이지만, 『조선만화』라는 텍스트가 만화와 만화의 해설, 그리고 100수의 하이쿠로 이뤄진 독특한 구성을 하고 있기 때문에 만화를 '읽는다' 혹은 '번역한다' 는 관점에 근거해서 텍스트 번역에 임했다. 그를 위해 『조선만화』에 수록된 만화 이외에 다른 매체에 수록된 만화 작품들도 병행하여 읽어갔다. 그 작업의 결과물이 바로 Ⅲ장의 '만화로 읽는 조선과 조선 知' 이다. 여기에서는 만화라는 장르를 통해 이뤄진 조선에 관한 지식의 다양한 유형을 살폈다. 도리고에라는 화가가 잡지 『조선』뿐만 아니라 또 다른 자신의 저서에서 보여준 만화의 유형을 제시하고, Ⅱ장의 『조선만화』에 수록된 만화들과 비교하여 살폈다. 마지막으로 Ⅳ장에서는 '국민문화사' 기술의 욕망, 즉 내셔널(national)한 상상력의 산물인 듯 보이는 『일본만화사』의 근저에, 실은 국경을 넘어 만화로 그려낸 조선에 대한 문화번역의 경험이 관통하고 있음을 논하였다.

사실 이 책의 기획은 애초 『조선만화』만을 번역하는 작업에서 출발했다. 2010년은 '한일합방' 100년이 되는 해였다. 꼭 100년 전의 조선을 그린 만화를 소개하는 것만으로도 의미가 있다고 판단했다. 하지만 그 공동저자인 우스다와 도리고에라는 인물을 조사하다 보니 점점 더 욕심이 커질 수밖에 없었다. 특히 도리고에 세이키가 일본 최초의 만화사의 저자 호소키바라 세이키라는 사실을 알고는 그 작업 양이 훨씬 많아졌다. 도리고에는 화가이자 하이쿠(俳句)의 작가이며, 만화가이자 만화저널리트였을 뿐만 아니라, 만화와 글로써 식민지에 대해 문화번역을 수행한 여행자였다. 이처럼 그가 팔색조 같은 정체성을 지닌 탓에 이 책 속에 그의 모습 전부를 담아내는 데는 결국 한계가 있을 수밖에 없었다. 아이러니하게도 그런 한계를 깨닫고서야 이 책의 출간을 서둘러 준비할 수 있었다.

우리 세미나팀은 이번 경험을 살려 앞으로 문자서사와 비주얼서사가 만들어낸 풍속지(風俗誌)를 재구성함으로써 한국근대문화의 사회문화적 제양상을 규명해보고자 한다. 특히 한국근대문학과 삽화의 연관성을 심층적으로 검토함으로써 근대문학 텍스트의 원형을 복원하고 텍스트를 둘러싼 제도적, 물질적, 해석적 인식체계를 재정립하고자 한다.

마지막으로 턱없이 부족한 원고를 떠안고 고심 고심했을 어문학사 윤석전 이사님을 비롯해 편집부 모든 분께 더없는 감사의 말씀을 전한다. 그리고 이 책을 준비하는 고된 과정에 함께 해준 정종현, 박용재, 조은애 등 동학들에게도 이 자리를 통해 다시 한 번 감사의 말을 전한다. 이 책의 출판을 계기로 보다 폭넓은 공부의 장을 만들어 새롭게 독자들과 만날 수 있기를 기대해본다.

차례

서문 4

I. 『조선만화』 읽기

1. 『조선만화』의 구성 15
2. 광고를 통해 본 『조선만화』의 기획 의도 22
3. 『조선만화』에서 무엇을 읽을 것인가? 32

II. 『조선만화』

1. 대신(大臣) 행렬 46
2. 온돌의 독거(獨居) 49
3. 하이칼라 기생 52
4. 우도(牛刀) 55
5. 종이연 날리기 58
6. 갈보집 61
7. 단단히 좋소 64
8. 묘 앞의 통곡 67
9. 묘 주변의 석상(石像) 69
10. 조선 장기 71

11. 제게 찬다   74
12. 돈치기(錢鄭)   77
13. 신선로   79
14. 엿장수(飴賣)   81
15. 점두(店頭)의 우두골(牛頭骨)   83
16. 한인의 떡방아   85
17. 우동집   87
18. 군밤   89
19. 떡장사   91
20. 조선가옥의 부엌   93
21. 옛날의 큰 배   95
22. 옛날의 조선 관리[役人]   97
23. 옛날의 한선(韓船)   100
24. 옛날 악기   102
25. 조선말(馬)   105
26. 우하(牛下)의 낮잠   107
27. 무동(舞童)   109
28. 요보의 싸움   111
29. 석합전(石合戰)   113
30. 요보의 톱질   115

31. 조선의 가마   117
32. 조선의 인왕님   120
33. 돈 계산   123
34. 신문의 낭독   125
35. 기생의 춤   128
36. 요보의 주머니[巾着]   130
37. 변기 세척   132
38. 한인의 우구(雨具)   135
39. 변기와 세면기   137
40. 쌀 찧기   139
41. 유방의 노출   141
42. 참외   144
43. 매복(賣卜)선생   147
44. 잔털 뽑기   150
45. 걸식   152
46. 조선의 모자   154
47. 조선 차부   156
48. 부녀자 풍속   159
49. 조선 신사(紳士)   162
50. 승려   165

Ⅲ. '만화'로 읽는 조선과 '조선 知'

1. 저널리즘 '조선 知'의 기원   171
2. 동시기 일한서방(日韓書房)의 간행서들   176
3. '만화'로 보는 조선   189
    3.1. 『요보기(ヨボ記)』의 삽화   189

        요보국(老耄國)   191
        남산등림(南山登臨)   193
        봉아(鳳兒)   195
        딸 에후의 귀국(葉ちゃんの帰国)   197
        나의 조선 정월   198
        경성의 일 년   200
        경성잡기(京城雜記)   202
        도한(渡韓)   204
        진분한화(珍粉韓話)   206

    3.2. 잡지『조선』에 실린 도리고에의 만화   208

Ⅳ. 국민문화사에의 욕망 – 일본 최초의 만화사

찾아보기   230

なのだ、彼等は年齢僅かに十五六才と見られるが、己が女房に客を取らせるのだ。而して己が女房に客を取らせるのだ。之が朝鮮では、蝎甫のみならんや、妓生等も皆な亭主持で、亭主が妓生蝎甫屋の外に立って居る斯種の小ヨボ妓夫は、少し提げて居る、日本人が通ると、ヨンガミさん〳〵とけ、默って行き過ぎやうとすると、見るばかり合先づ代物を見でかられ氣に召したら買びなされと嘯を欺して淫賣させて、焦るゝなんとしてはならぬ、餘り平凡な文句だ。兎に角十五六才の

I 『조선만화』 읽기

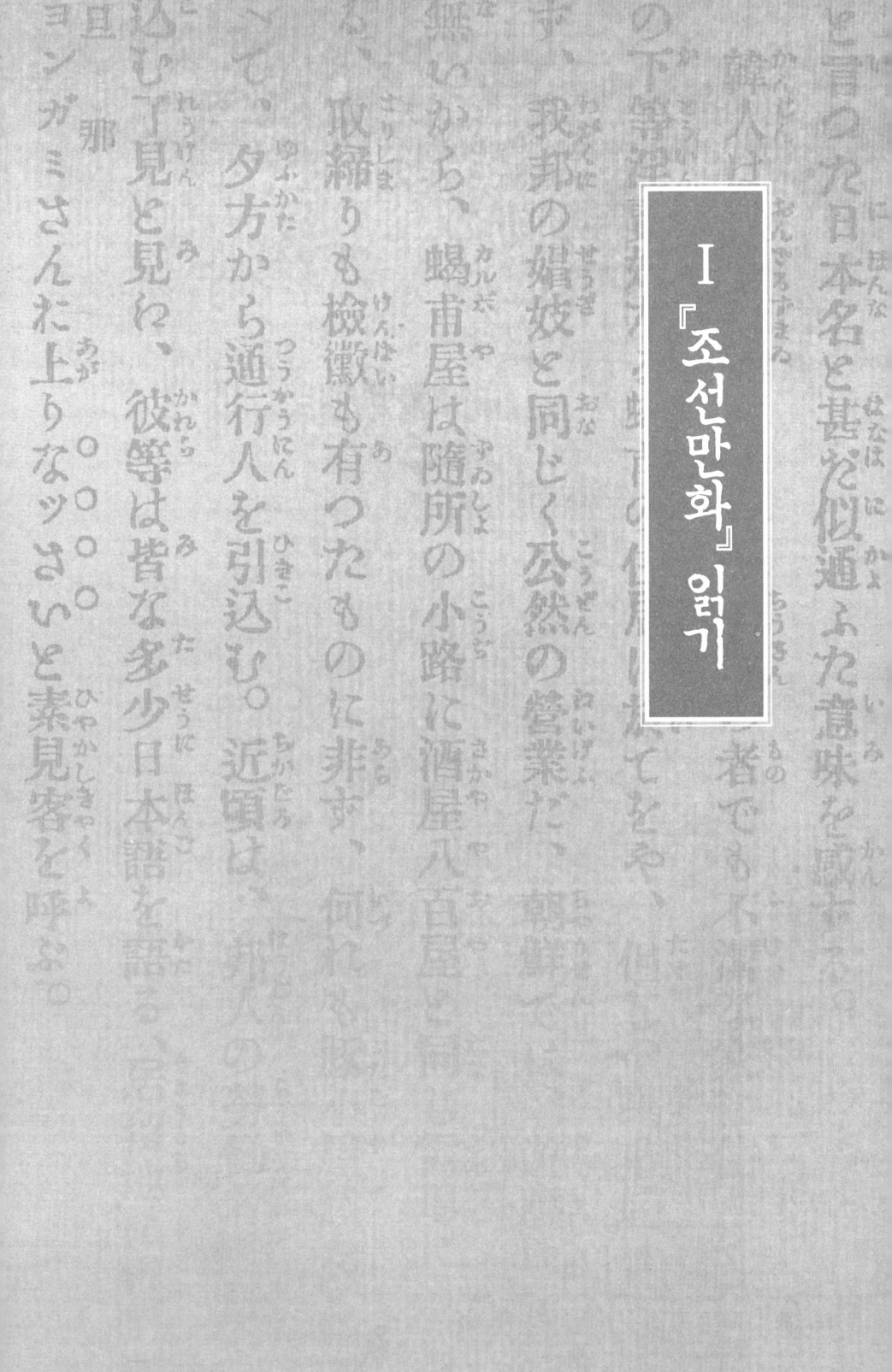

1. 『조선만화』의 구성

100여 년 전 일본인들의 눈에 비친 조선의 모습은 어떤 것이었을까. 일본인들은 '한일합방' 이전부터 이미 조선을 여행하거나 거주하며 조선사정에 관해 많은 기록물들을 남겼다. 일찍이 근대 일본 민권운동의 결사 중 하나인 민유샤(民友社)의 일원이었던 혼마 규스케(本間久助)의 '조선정탐물'[1] 이라는 『조선잡기(朝鮮雜記)』(1894)를 비롯해 가쿠치 겐조(菊地謙讓)의 『조선왕국(朝鮮王國)』(民友社, 1896)이나 법학자 신노부 준페이(信夫淳平)의 『한반도(韓半島)』(東京堂書店, 1901)는 전형적인 100여 년 전의 조선사정물들이라고 할 수 있다. 물론 이렇게 문장을 통해서만이 아니라 사진과 그림을 통해서 조선의 여러 모습을 남기기도 했다. 그것들은 식민통치가 시작된 이후에도 조선에 대한 차별을 스테레오타입화하거나 조선을 야만=미개로 표상하는 데 크게 기여했다. 이 책 『조선만화』는 우선 그런 사실들을 알려주는 자료이고, 그런 점에서는 다른 텍스트와 그다지 다르지 않다. 그러나 『조선만화』는 그 제목처럼 '만화'임을 전면에 내세

---

[1] 혼마 규스케, 『일본인의 조선정탐록 조선잡기』, 최혜주 옮김, 김영사, 2008.

우고 있다는 점만으로도 동시기에는 드문, 아니 유례 없는 독특한 텍스트라고 할 수 있다. 한국 '만화사'의 관점에서 보면 『조선만화』는 한국에서 '만화'라는 용어를 최초로 사용한 텍스트이기도 하다.[2] 2년 남짓여를 조선에서 체류했던 화가 도리고에 세이키(鳥越静岐)는 조선에 '만화'라는 용어를 남기고 간 인물이다. 그뿐 아니라 그는 당시 조선의 상황을 만화로 비평한 만화저널리스트였으며, 그런 그의 활동은 인쇄매체 속에서 만화가 부상하는 계기를 마련하기도 했다.

그런데 『조선만화』는 제목과 달리 만화로만 구성된 책이 아니다. 이 책은 당시 제국의 아카데미즘 바깥에서 저널리즘을 통해 이뤄진 다양한 조선 재현의 방법을 동원한 것이었다. 그 전체적인 구성의 대강을 보면 이렇다. 우선 당시 조선 사회의 계급과 계층, 음식과 놀이, 그리고 다양한 풍물 등을 다룬 50개의 제재를 설정하고, 이미 그려진 '만화'에 대해 우스다 잔운(薄田斬雲)이 부연 설명한 '해설'을 덧붙여 구성되어 있다. 50개 제재의 만화와 해설에는 각각 제목이 붙어 있는데, 대개는 만화 속의 제목을 해설의 제목이 따르고 있다. 해설의 제목인 50개의 표제어 목차는 다음과 같다.

대신(大臣)행렬 / 온돌의 독거(獨居) / 하이칼라 기생 / **우도(牛刀)** / 종이연 날리기 / 갈보집 / 단단히 좋소(タンダニ, チョッソよ, 가타카나―한국어) / 묘 앞의 통곡 / 묘 주변의 석상(石像) / **조선 장기** / 제게찬다(제기찬다 チェーゲチャンタ, 가타카나―한국어) / 돈치기(錢擲, トンツキ라는

---

[2] 정희정, 「근대기 재한 일본인 출판물 『朝鮮漫畵』」, 『미술사논집』31호, 2010. 12, pp.307-308

가타카나 부기) / 신선로 / 엿장수(飴売) / 점두(店頭)의 우두골(牛頭骨) / **한인의 떡방아** / 우동집 / 군밤 / 떡장수 / <u>한인집의 부엌</u> / 옛날의 큰 배 (大船) / **옛날의 조선 관리(役人)** / 옛날의 한선(韓船) / 옛날의 악기 / 조선말(馬) / 우하(牛下)의 낮잠 / 무동(舞童) / 요보의 싸움 / 석합전(石合戰) / **요보의 톱질(木挽)** / <u>조선의 가마</u> / <u>조선의 인왕님</u> / 돈 계산 / 신문의 낭독 / 기생의 춤 / **요보의 주머니(巾着)** / **변기 세척** / <u>한인의 우구(雨具)</u> / **변기와 세면기** / 쌀찧기 / 유방의 노출 / 참외 / **매복(賣卜)선생** / 잔털 뽑기 / 걸식 / **조선의 모자** / **조선 차부** / <u>부녀자 풍속</u> / **조선 신사** / 승려

    이렇게 목차가 결정된 이유나 개연성은 불분명하다. 대강의 흐름을 보면, 대신―조선 양반―기생―백정―아동―부녀자 등 계층과 성별을 대상으로 하다가, 점차 조선의 관습이나 음식과 풍물 쪽으로 관심을 기울이더니, 다시금 부녀자―장님―걸인―차부―신사―승려 등 계층에 대해서 묘사하는 방식으로 마무리하고 있다.

    위의 표제어들 중 아무 표시도 하지 않은 25개 해설의 표제어는 그림의 제목과 동일하다. 그리고 15개의 굵은 글씨로 표시한 표제어는 만화의 제목을 약간 변형한 것들이다. 가령 원래 그림의 제목에 '한인(韓人)의'나 '요보(ヨボ)의' 혹은 '조선의'라는 관용어를 보태거나, '대신 통행(大臣通り)'을 '대신 행렬'로, 그리고 '옛날의 한관(韓官)'을 '옛날 조선의 관리(役人)'로 바꾸는 방법을 통해 지시대상을 명료하게 한 것들이 이에 속한다. 그 외 밑줄 표시한 10개의 표제어처럼, 만화 제목이 '우중(雨中)의 한인'인데 해설의 표제어가 '한인의 우구(雨具)'로 바뀌었거나, 만화 제목인 '안마'가 '매복선생'으로 바뀌는 등 해설이 만화를 부연하는 것이 기본 구조로 이뤄져 있지만, 그 차이는 만화와 해설 사이의 미묘한 균

열을 드러내곤 한다. 또한 우스다 잔운(薄田斬雲)은 만화 자체뿐만 아니라 제목에 대해서도 "이것은 한인 거리의 명물 중 하나로서 그림의 제목으로는 극히 어울리는 것"[3]이라고 평하곤 했는데, 그것은 우스다가 해설의 표제어를 붙이는 데 있어 적지 않은 고민을 했음을 확인할 수 있는 대목이다. 한편, 만화에는 제목이 없지만 해설에는 표제어를 붙인 경우가 있다. 이러한 경우들을 표로 만들어보면 다음과 같다.

표) 만화 제목과 해설의 표제어가 다른 경우

만화 제목	해설 표제어
소고기를 자르다(牛肉を切る)	우도(牛刀)
무제	제게찬다(제기찬다)
인리주(人里廚)	한인집의 부엌
무제	조선 가마
군신(軍神)	조선의 인왕님
만귀(晩歸)	조선말
우중(雨中)의 한인	한인의 우구(雨具)
가장 야만적(最も蠻的)	유방 노출
안마(あんま)	매복(賣卜)선생
사람도 풀도(人も草も)……	부녀자(婦)의 풍속
소위 신사(紳士)	조선 신사

그리고 또 하나 흥미로운 것은 50개의 만화와 해설 외에 '온돌회' 회원을 비롯한 조선 내 하이진(俳人)들의 하이쿠가 지면의 여백을 채우고

---

3 鳥越靜岐·薄田斬雲, 『朝鮮漫畵』, 日韓書房, 1909, p.104.

있다는 점이다. 하지만 그 하이쿠가 단지 여백을 채우는 역할만을 한 것은 아니다. 왜냐하면 총 22명의 하이쿠 100수는 정확히 조선만을 제재로 한 것이기 때문이다. 하이쿠는 5·7·5음절의 단형시인 데다 계어(季語 : 계절어)와 절자(切字 : 영탄조의 작용을 하는 말) 등의 형식상 제약이 있기 때문에 조선에서의 체험을 서사적으로 그리는 데 한계를 지닐 수밖에 없는 장르이다. 그런 한계 때문인지 당시 발표된 하이쿠의 대부분은 조선에 살아가는 재조일본인의 삶을 제대로 반영하고 있지 못하였다. 그래서 '한(閑) 문자'의 여흥을 담아낸 작품이 많았으나, 단 그것은 대부분 일본인이라는 '동일자'의 감각을 표현하는 데 치중하고 있었다. 그런 중에 조선만을 제재로 한 100수의 하이쿠가 『조선만화』에 실린 것은, 그것이 이미 기획 단계에서부터 의도되었음을 짐작케 한다.

하이쿠가 실린 페이지를 밝혀두면 다음과 같다. 7쪽-2수, 10쪽-2수, 13쪽-3수, 19쪽-4수, 25쪽-5수, 37쪽-5수, 43쪽-5수, 49쪽-8수, 55쪽-6수, 64쪽-7수, 73쪽-7수, 79쪽-6수, 83쪽-11수, 95쪽-4수, 101쪽-6수, 107쪽-4수, 113쪽-3수, 119쪽-9수, 137쪽-3수. 이 중 95쪽의 4수 이후로는 거의 도리고에의 하이쿠가 실려 있다. 이는 이 책에 실린 하이쿠의 편집을 담당한 자가 도리고에일 가능성이 높음을 의미한다.

도리고에의 필명인 정기(靜岐, 세이키)의 하이쿠 38수를 비롯해 우인(牛人)과 목지(目池)의 하이쿠가 각각 24수와 12수 실렸고, 그 외 온돌회 회원인 백우(白雨), 우취(雨翠), 방주(芳宙), 천파(千波), 두견(杜鵑) 등의 하이쿠가 2수씩 실렸다. 이렇게 온돌회의 하이쿠가 다수를 차지하지만, 그 외에도 시노부(しのぶ), 심의(尋蟻), 오당(梧堂), 화암(華庵), 촌아성(寸峨星) 등과 같이 잡지 『조선』의 현상공모에 당선된 작가의 하이쿠를 비롯해 청청(靑靑), 위파(爲波), 북두(北斗), 백구졸(百句拙) 등과 같이 다른 지면에서 활동한 하이

진의 하이쿠도 선별하여 실었다. 그 100수 가운데 사용된 시어의 분포를 보면, '한인(韓人)'(9회)이나 '한남(韓男)' 그리고 '한기(韓妓)'(5회)나 '한왕(韓王)'과 같은 시어의 대표인 '한(韓)'(19회)이나, '가라(から-조선을 의미)'를 비롯해 '조선(朝鮮)'이나 '고려(高麗)'(4회), 그리고 '요보(ヨボ)' 등과 같이 조선과 조선인을 뜻하는 시어가 가장 많다. 그것은 '망국(亡國)'(5회), '고야(枯野)'(2회), '시들다(枯る)'(2회), '낡은(古き)', '썩은(朽ち)', '미간지(未墾地)' 등과 같은 시어와 결합되어 조선을 망국의 정서로 읊거나, '때(垢)'나 '먼지(埃)', '파리(蠅)' 등과 같은 시어와 결합해 불결과 태만의 조선을 묘사하고 있다. 그 외에도 '온돌'(8회), '다듬이(砧)'(5회), '백의'(5회), '고춧가루(唐辛子)'(3회), '삼한사온', '신선로' 등 조선의 풍물·풍속과 자연을 표상하는 시어가 많이 사용되었다.[4]

거기에 실린 100편의 하이쿠 중 몇 편만 읽어보자.

- 한국왕이 여는 / 기나긴 밤 연회에 / 위병이 조네 (目池)
   韓王の夜長の宴や衛士ねむる
- 곤드레 취한 / 얼굴에 볕이 들고 / 참외엔 날파리 (しのぶ)
   泥醉の顔に日うつり瓜に蠅
- 민둥한 산들 / 가난한 조선에선 / 쉬 날이 새네 (目池)
   山禿げて朝鮮国は明け易き
- 망한 나라의 / 모든 산들은 낮은 / 구름 봉우리 (百句拙)
   亡國の山皆低し雲の峰

---

4 이상 괄호 안의 숫자는 하이쿠의 숫자를 의미함.

○ 조선기생이 / 일본어를 아는구나 / 유카타라네 (錦城)

　韓妓やや日本語を知る浴衣哉

○ 나비 나는구나 / 황량해진 후궁에 / 제비꽃 위로 (牛人)

　蝶々や後宮荒れて花菫

○ 온돌방에 / 모여앉아 긴긴 밤 / 신선로라네 (靜岐)

　溫突に集ふ夜長や神仙爐

○ 사당은 낡고 / 늙은 나무의 싹은 / 더디게 트네 (牛人)

　廟古き老木の芽や吠く遲し

○ 조선 여인이 / 다듬이질하는 그림을 / 엽서로 만드네 (丹雞)

　から乙女砧打つ絵をはかき哉

○ 조선인들의 / 흰 저고리에 먼지처럼 / 버들잎 지네 (靜岐)

　韓人が白衣の垢や柳散る

○ 그리운 추억 / 가득한 가을날에 / 다듬이소리 (梧堂)

　思出の多き秋かな韓砧

이렇듯 『조선만화』에 실린 모든 하이쿠는 조선을 제재로 삼았는가 아닌가라는 최우선의 기준에 따라 선정된 것들이었다. 그러한 점에서 『조선만화』를 구성하고 있는 그림과 글의 기획 의도와 일치한다. 다시 말해 이 책은 조선만을 대상으로 한 만화와 글, 그리고 거기에 덧붙여 하이쿠라는 짧은 노래 등을 통해 100년 전의 '조선'을 구성한 문화번역서라고 할 수 있다.

2. 광고를 통해 본 『조선만화』의 기획 의도

그림과 글로 이뤄진 특유의 흥미로운 조선만화이다. 사진으로는 조금 곤란한 밤의 사건과 한인의 작업이나 그 외 풍속을 골계만화로 구성한 것이다.

화가는 오랜 동안 경성에 거주하며 매일 한인의 풍속을 연구하고 있는 사람이다. 한 달쯤 조선을 견물하고 만년필로 써 내려간 것과는 다르며, 더구나 적절하게 진실을 꿰뚫은 것이다. 그에 대한 설명을 덧붙인 필자도 이미 요보기(ヨボ記)를 쓰고 최근 또 암흑의 조선을 쓴 사람인 이상, 그림과 글 모두 기발한 조선만화가 될 수 있음은 본 서방(書房) 그것을 보증합니다.

이 광고는 바로 『조선만화』를 어떠한 관점에서 읽어야 하는가를 시사하고 있다. 그것을 세 가지로 정리할 수 있는데, 첫째 "사진으로는 조금 곤란한 밤의 사건과 한인의 작업이나 그 외 풍속"을 그린 것이라는 점, 즉 만화라는 고유한 장르적 특성을 강조하고 있다는 점이다. 이미 『한국풍속풍경사진첩』 1, 2, 3집을 발행한 바 있는 일한서방에서 동시에 사진을 통해 재현할 수 없는 조선의 풍속을 만화로 그린 책을 발행한 것이라고 할 수 있다. 사진과 만화 모두 보는 시선에 따라 피사체나 대상의 성질을 조작할 수 있다는 점은 동일할지라도, 사진에 비해서 만화는 상대적으로 제약 없이 상상력을 발휘하여 자유롭게 재현할 수 있다는 점에서 개방적이다. 즉 그것은 화가의 눈에 비친 대상 그 자체를 전달하는 데 그치지 않고, 더 적극적인 자세로 주관적 의미를 부여하여 전달하는 작업인 것이다. 그 다음으로는 "오랜 동안 경성에 거주하며" "한 달쯤 조선을 견물하고 만년필로 써 내려간 것과는 다르"다는 거주자, 즉 재조일본인의 시선을 강조한 점이다. 위 광고에서는 『조선만화』가 '내지'발(發) 시선이나 입장과의 차별화를 꾀하면서 조선에 대해서는 누구보다 잘 알고 있는 위치=입장에서 기획된 '조선토산'의 출판물임을 강조하고 있다. 마지막으로는 조선 연구자로서의 필자들의 위상을 강조한 점이다. 근대 일본의 학술제도, 특히 아카데미즘 안에서 '조선에 관한 지식'이 학문의 각 분과별로 정립해가던 상황에서 실제 조선에서는 어떻게 그것을 구현해냈는가를 보여주는 대목이라고 할 수 있다. 두 필자 즉 우스다와 도리고에가 경성일보의 기자라는 사실을 명기한 광고의 내용처럼, 『조선만화』는 아카데미즘 바깥의 저널리즘에서 이뤄진 다양한 방식으로 조선을 재현한 것이다. 아카데미즘이 '조선에 관한 지식'을 구성할 때 가장 강조하는 통계, 문헌, 조사, 분류 등의 경험적(과학적) 방법론과는 달리, 조선사정을 지극히 감각적으로 드러내는 방법을 채택하고 있었던 것이다.

그렇다면, 광고에서 "오랜 동안 경성에 거주"했다는 두 필자 우스다와 도리고에는 어떤 인물이었을까.

『조선만화』의 해설 부분을 맡았던 우스다 잔운(薄田斬雲=薄田貞敬, 1877~1956)에 대해서 『일본근대문학대사전』(講談社, 1977)에는 이렇게 적혀 있다.

> 소설가, 저널리스트 아오모리(青森)현 히로사키(弘前)시 출신. 본명은 사다타카(貞敬). 1899년 도쿄전문학교(지금의 와세다〔早稲田〕대학―옮긴이) 문학과 선과를 졸업. 경성일보 기자, 와세다대학 출판부의 편집위원이 됨. 1904년부터 1907년 전후에 왕성하게 활동하고「몽기(濛氣)」(『太陽』1906.12),「평범한 비극(平凡な悲劇)」(『新小說』1907.7) 등 단편소설 외에 희곡, 번역, 수필 등을 『태양』, 『신소설』, 『와세다문학』, 『취미』에 집필. 저서로는 『천하의 기자(天下之記者)―山田一郎君言行錄』(1906.5. 實業之日本社), 『편운집(片雲集)』(1906.8. 敬文社), 『요보기(ヨボ記)』 등.

우스다는 일본의 종합잡지 『태양』을 통해 등단한 작가로 데뷔 당시에는 자연주의의 영향을 받아 소설, 희곡, 수필 등 다양한 장르의 글을 발표하였다. 도한 직전에 『천하의 기자』와 『편운집』을 출판하였는데, 이는 1904년 이후의 글들을 묶은 에세이집이다. 조선에 건너와서는 『요보기』와 『암흑의 조선』 등을 출판했다. 귀국 후 그의 관심은 점차 전기(傳記)나 역사 기술로 옮겨갔다. 그 대표작으로는 중학 시절 친구이자 유도가인 마에다 미쓰요(前田光世)가 무술가로서 세계를 돌며 수행하는 모습을 그린 『세계횡행유도자수업(世界橫行柔道武者修業)』, 다카타 사나에(高田早苗) 평전인 『한보 옛날이야기(半峰昔ばなし)』, 『나는 무솔리니로다(我輩はムッソリーニである)』 등의 전기류와 『로마사(羅馬史)』, 『국민의 일본사(國民の日本

史)』, 『메이지태평기(明治太平記)』 등의 역사류가 있다.

이처럼 조선에서 귀국 후 전기에서 역사물까지 다양한 영역에서 문필 활동을 전개했던 우스다가 조선에서 남긴 주요 저서라면 역시 『요보기』와 『암흑의 조선』이라고 할 수 있다. 이 두 저서는, 전자가 필자의 조선 정착 과정 중에 경험한 조선의 풍물을 기록하면서 자신의 체험에 비중을 둔 형식에 가깝다면, 후자는 문헌과 귀동냥을 통해 조선의 풍습을 기록한 것이라는 차이를 보인다. 그런데 아직은 엄밀한 검토가 이뤄지지 않았지만, 문인으로서의 그의 활동도 간과할 수 없는 대목이다. 특히 잡지 『조선』에는 「몰락」(1권 2호, 1908. 4), 「여장군(백학전)」(2권 6호·3권 1호, 1909.2·3) 등의 소설 외에 몇 편의 에세이를 발표하였는데, '히데오(英夫)'라는 필자는 조선 최초의 일본어 문학사라 할만한 회고문 「경성과 문학적 운동(京城と文學的 運動)」(『朝鮮及滿洲』117호, 1917. 3. 103쪽)이라는 제목의 글에서 우스다를 "경성의 내지인 사이에 순문예적 운동의 초막을 연" 인물로 꼽았다.

다음으로 도리고에 세이키(鳥越靜岐, 1885~1958)에 대해서 보자. 그에 관해서는 이미 앞서 간단히 살펴보았지만 거기에 덧붙이자면 우선 그는 당시 일본 하이쿠(俳句)계의 거장 가와히가시 헤키고도(河東碧梧桐) 문하에서 하이쿠를 짓던 작가였다. 또한 그 유명한 다카하마 쿄시(高浜虛子)의 소설 『조선』과 일본의 '국민작가' 나쓰메 소세키(夏目漱石)의 소설 『도련님(坊っちゃん)』에 삽화를 그린 화가이기도 하다. 그들과의 인연도 그가 당대 최고의 문예잡지 『호토토기스(ホトトギス)』를 통해 하이쿠를 발표했기 때문에 맺어진 것이었다.

『도련님』의 삽화 몇 컷을 보자.

삽화① 유모 기요에게 보내는 편지. "어제 도착했어. 재미없는 곳이야. 오늘은 학교에 가서 다른 선생님들에게 별명을 붙여 주었어. 교장은 너구리, 교두(敎頭)는 빨간 셔츠, 영어 교사는 꽁지호박, 수학은 고슴도치, 화학(畵學)은 알랑쇠. 다음에 여러 가지 얘기를 쓸게. 안녕. (『名作揷畫全集2』, 平凡社, 1977.)

삽화② 어릴 적부터 막무가내의 성격을 부모에게 물려받았다. 어느날 저녁, 밤을 서리하러 온 간타로(勘太郎)를 잡았다. 힘이 센 간타로의 머리가 미끄러져 나의 옷소매 속으로 들어오자 괴로워서 안에서부터 나의 두 팔뚝을 물고 늘어졌다. 다리를 걸어 담 너머로 넘어뜨리자 간타로는 4번째 담을 쓰러뜨리며 거꾸로 떨어지더니 크윽 죽는소리를 냈다. (『名作揷畫全集2』, 平凡社, 1977.)

삽화③ 가신테(花晨亭)라는 요리집에서 열린 꽁지호박군의 송별회 석상에서 가장 젊고 아름다운 게이샤(芸者) 한 명이 웃으며 인사하는 것 같자, 그때까지 기둥에 기댄 채 호박파이프를 물고 있던 빨간 셔츠가 급히 자리에서 일어나 나갔다. (『名作揷畫』, 平凡社, 1977.)

그런 도리고에가 조선에 남긴 것은 세 가지로 요약할 수 있다. 그중 하나는 만화이다. 물론 그 대표적인 산물이 『조선만화』이다. 이미 앞서 지적했지만 한국에서 '만화'라는 용어가 사용된 용례가 바로 이 책에서 비롯되었던 것이다. 하지만 그것이 용례의 차원에 머무는 것이 아니라는 점에서 더욱 중요한 텍스트라고 할 수 있는데, 그는 스스로를 만화가로 의식했으며, 또한 만화라는 장르에 대해 대단한 집착을 보였다. 만화에 대한 그의 생각은 그가 집필한 『일본만화사』를 개략적으로 해제한 이 책의 7장을 통해 다시 살펴볼 것이다.

다음으로 그가 조선에 남긴 것은 하이쿠이다.

> 그림붓을 들고 경성에 살기를 약 2년. 위인으로서 경성 同人 사이에 공명하고, 경성일보 지상에 있어서 한국의 하이단(俳壇)에 힘쓴 것 또한 적지 않다. 그리고 同人 지금 일신의 사정으로 이 땅을 떠나려 한다. 이에 1월 23일(1909-옮긴이) 目池의 자택에서 송별의 句會를 개최한다.(牛人)[5]

도리고에가 본국으로 돌아가기 직전인 1909년 1월 23일에 '온돌회'의 송별회가 열린다. 온돌회는 당시 잡지 『조선』에서 활동한 최대의 하이쿠(俳句) 작가 집단이었다. 위의 글을 쓴 이는 '우인(牛人)'이라는 온돌회의 동인이었다. 우인의 글에 따르면, 도리고에는 2년 동안 조선에 체재하면서 주로 하이쿠 작가이자 화가로서 활동했음을 알 수 있다. 당시 조선에

---

5 「オンドル会小集」, 『朝鮮』 12호(1909.2), p.83.

서의 하이쿠란 잡지 등에 개설된 문예란의 장르 중에서도 '한(閑)문자'로서 '도한자'의 취미를 고취하기 위해 가장 적절한 장르였다. 그렇다면 당시 조선에서의 그런 일반적인 하이쿠의 성격에 비춰봤을 때 도리고에의 하이쿠는 어떠했을까. 도리고에는 잡지 『조선』에 확인된 것만도 100편에 가까운 하이쿠를 남기고 있다.

예전의 나비 / 멈춰 앉았던 그림 / 봄날의 행사
嘗て蝶とまりし畵像春の行[6]

조선 사람의 / 수염에 입추 알리는 / 먼지이런가
韓人の髥に秋立つほこりかな[7]

이 두 편의 하이쿠에서 보이듯이, 도리고에는 그림을 소재로 한 하이쿠를 많이 지었으며, 그것은 그 자체로 그림을 보는 듯한 작품이기도 했다. 유독 그의 하이쿠에 그림 소재가 많았던 이유는 그가 화가로서의 강한 자의식을 가지고 있었기 때문이었다. 조선에서 만화가로서 살았던 그의 삶이 하이쿠의 세계에도 그대로 반영되었던 것이다. 또한 두 번째 작품처럼 '조선 사람(韓人)'의 생활 깊숙이, 그리고 미세한 곳까지 관찰하는 태도가 그의 하이쿠에서는 돋보인다. 이러한 그의 하이쿠의 특징은 『조선만화』라는 텍스트와도 깊은 연관이 있다. 다시 말해, 그는 하이쿠가 서

---

6 「オンドル会」, 『朝鮮』 4호(1908. 6), p.66.
7 鳥越靜岐・薄田斬雲, 앞의 책, p.49.

사성의 한계 때문에 다 보여주지 못한 세계, 즉 조선이라는 장소를 만화라는 장르를 동원하여 보여주려 했던 것이다. 더구나 조선의 현미(顯微)적 세계까지 그려낸 그의 만화는 흔히 삽화처럼 동일 지면의 글에 종속된 성격이 아니라, 그 글로부터 독립되었거나 어떤 경우에는 오히려 그 자체의 서사성에 기반을 두고 거기에 부수하는 글을 이끌어내는 성격을 지니고 있었다.

마지막으로 그는 조선의 미술에 관한 비평문 또한 남기고 있다. 그것은 잡지 『조선』에 실린 「미감 없는 나라(美感なきの国)」라는 제목의 글 1편에 불과하지만, 그것을 통해 도리고에가 조선을 어떻게 인식했는가를 비롯해 조선의 미술에 관한 그의 견해를 엿볼 수 있다.

> 미술을 무시한 결과 조선인은 미(美)라는 감념(感念)을 상실하고 말았다. 미술의 나라로서 긍지를 가진 일본인이 처음 조선을 밟고 놀라는 것은 제일 먼저 산이 심하게 벌거숭이라는 점이다. 그 다음은 가옥이 돼지우리 같은 점에 있다. 한눈에도 황량하여 그 어떤 미를 느낄 수 없는 것이다. (중략) 미의 감념을 상실한 결과, 오감을 둔하게 만들었다. 우선 시감(視感)의 둔함은 색의 미를 상실시켰고, 한눈에 금방 알 수 있듯이 한인의 의복이 단조로운 것은 색의 배합을 모르는 동시에 모양을 거의 꾸미지 않기 때문이다. 즉 일반적으로 백의인 것이다. 여자의 경우는 색이 있으나 붉거나 맹황(萌黃)색이거나 남색이거나 하는 식으로 무취미와 단조로움은 바로 염기(厭氣)를 느끼게 했다. 또한 어떤 정교한 미술품을 보아도 그것을 완미하는 총명함이 없고, 꽃을 보아도 색의 배합 등을 말하는 감념이 조금도 없다. 다음으로 청감(聽感)의 둔함. 조선에도 음악이 있기는 있으나 너무나 단조롭다. 천편일률

이다. 들으면 들을수록 듣기 싫어진다. 마침내 귀를 막기에 이른다. 게다가 한인은 그것으로 귀를 즐겁게 하고 있다. 그리고 그것 이외에 천연의 음악, 자연의 음악이라는 것에는 실로 취미가 없다. 원래 음악은 천연으로부터 나온다. 소나무 사이로 부는 바람, 야밤의 시내 소리 등은 일종의 천연 음악인 것이다. 새소리, 벌레 소리 등도 자연의 음악이다. 조선인은 그것들을 듣고 그 어떤 감흥도 일으키지 않는다. 즉 청감이 둔하기 때문이다. (중략) 다음으로 후감(嗅感)의 둔함이다. 방 안에 변기를 두고 오가며 분뇨를 버린다. 그 불결함이란 세상 사람이 능히 아는 바이다. 그것이 후감의 둔함이 아니고 무엇이겠는가. 완전히 후감의 둔함 때문인 것이다. 시험 삼아 향을 피워놓고 그들에게 맡아보라 하면 무엇이라 말할까. 별다른 취미를 느끼지 않는다. 꽃의 향기를 맡았다고 해서 별로 미를 느끼는 일이 없다. 다음으로 미감(味感)의 둔함이다. 한인은 고춧가루를 다량으로 즐겨 먹는다. 그것이 미감을 둔하게 만든 일대 원인으로, 음식을 먹고 그 맛의 아름다움을 변별하는 능력이 떨어졌다.[8] 다음으로 촉감의 미는 색채의 미와 관련하여 한층 쾌감을 느끼게 하는 것이다. 머리를 정리하여 단정히 하면 정신이 맑아진다. 즉 촉감의 미인 것이다. 여름은 시원한 바람을 원하여 시원할 것 같은 의복을 걸치고, 겨울은 따뜻한 감을 원하여 따뜻한 색의 의복을 입는다. 이것이 바로 촉감의 미인 것이다. 조선인에게 과연 그런 촉감의 미가 있을까. 설령 있다고 해도 너무나 둔하다. 여름에는 모래먼지를 뒤집어쓰고서도 입욕하려 하지 않고, 겨울에는 더욱이 백의를 입

---

8 이 부분과 관련하여, 도리고에의 하이쿠 한 수를 상기할 수 있다. "조선인들은 / 맛(味感)의 미를 모른 채 / 고춧가루뿐(韓人は味感美解せず唐辛子)"(『조선만화』, p.113.)

고 다른 사람으로 하여금 한층 한기를 느끼게 한다. 촉감 역시 둔하다는 증거이다.

　이상과 같이 한인은 오감의 미가 심히 지둔한 것이다. (중략) 만약 (미술가가-인용자) 있다고 한다면 흔히 온돌방에서 보는 병풍의 그림처럼 물고기가 땅에서 헤엄치고, 강이 나무 위로 흐르고, 산 위에 바다가 있는 듯한 거의 아이들과 같은 그림만 그릴 수 있는 정도일 것이다. 요컨대 그들에게 관찰력 및 상상력이 빈곤한 결과이다. 즉 오감이 지둔한 결과이다.[9]

한마디로 정리하자면, '망국'으로 대표되는 조선의 현실은 조선인의 관찰력과 상상력의 빈곤 및 시각·청각·후각·미각·촉각, 즉 오감의 지둔함으로 인해 미술이 무시되고 "미라는 감념(感念)"을 상실한 결과라는 것이다.[10] 이러한 단정적인 인식과 거기에서 기인한 스테레오타입화한 조선상(像)이 고스란히 『조선만화』에 담겨져 있다고 하겠다.

9　鳥越靜岐, 「美感なきの国」, 『朝鮮』 8호(1908.10), pp.46-49.
10　위의 글, p.47.

3. 『조선만화』에서 무엇을 읽을 것인가?

1) 문명과 야만의 이분법과 자기중심적 비교문화

이 『조선만화』는 말하자면 만화와 글과 하이쿠로 이뤄낸 조선에 대한 민족지학(ethnography)적 문화번역이라고 할 수 있다. 문명과 야만의 이분법에 따라 문명=일본이라는 시선만이 존재한 채, 조선의 야만성=미개성을 불결, 악취, 태만, 폭식, 저능, 무사태평(=부주의함), 온순 등으로 구성하여 그것을 시각화(=만화화)한 것이라 할 수 있다. 또한 그러한 야만성=미개성을 시각·청각·후각·미각·촉각, 즉 오감을 통해 감각화하고 있다. 하지만 만화를 통해 시각화나 감각화하기에는 불충분함이 있어 만화를 부연하고 '번역'하는 해설을 부기하는 형식을 취한다. 메이지(明治)시대 일본 삽화를 대상으로 조선인의 이미지를 연구한 어느 논문에서는 『조선만화』 속 만화를 불결, 천하태평, 무신경, 무능, 여성성으로 나눠 분석하면서, 일본인들이 식민지화 과정 속에서 조선인에 대한 차별적 이미지를 만들어내고 재생산함으로써 자신들의 행위를 정당화하는 데 그 이미지를 이용했다고 지적한 바 있다.[11] 따라서 만화의 프레임 안에 일본인은 부재할 수밖에 없는 것이다. 만화의 프레임은 야만, 불결, 태만, 비합리의 공간이기 때문이다. "타자의 언어, 행동 양식, 가치관 등에 내재화된 문화적 의미를 파악하여 '맥락'에 맞게 의미를 만들어 내는 행위"[12]가 문화번역이라면, 그것은 "번역이 이뤄지는 특정 시공간적 맥락과 문화번역의 행위자가 누구인지에 따라 문화적 행위자 사이의 관계를 고착"[13]시키기 마련이다. 『조선만화』에서 문화번역의 행위자는 보는 '시선'으로만 드러난다.

『조선만화』의 본문 중 "우리나라에서는(我邦では)" 혹은 "방인(邦人)은"이라고 하는 표현이 자주 발견되는데, 이는 일본어 혹은 일본문화가 타자를 읽기 위한 기준으로서 개입되는 방법이다. 간혹 타자의 문화 속에서 유사한 자신들의 문화가 발견될 때는 가령 "우리나라도 처음 신문이 발행되었을 때는 이와 같은 모습"이었다는 식으로 자신들의 과거로 간주하여 비교하는데, 이는 타자의 문화를 '불변하는 실체로 여기는 물시간성'에 근거한 해석이라고 할 수 있다. 이러한 비교문화의 폭력이 자주 등장하는데, 다른 예로 〈48. 부녀자 풍속〉을 들 수 있다. 이 항목에 실린 만화 자체의 제목은 '사람도 풀도(人目も 草も……)'인데, 이는 일본 고대가요집 『고킨와카슈(古今和歌集)』에 수록된 와카에서 인용하여 겨울의 쓸쓸하고 적막한 정취를 제목으로 취한 것이다. 그러나 두 명의 부녀자가 각각

---

11 박양신, 「明治시대(1868-1912) 일본 삽화에 나타난 조선인 이미지」, 『정신문화연구』28권 4호, 2005, p.327 참조.
12 김현미, 『글로벌 시대의 문화번역』, 또 하나의 문화, 2005, p.48.
13 위의 책, 같은 쪽.

갓을 쓰고 빨래를 이고 가는 만화에 대한 해설은 만화 자체의 제목과는 달리 '부녀자의 풍속'이라고 제목을 붙이고 있다. 해설에서는 치마나 장옷처럼 일본어나 일본문화 안에 부재한 단어의 경우 하오리(羽織)나 가쓰기(被衣) 등과 같이 자신들에게 익숙한 말로 전치시켜 설명하고 있다. 그런데 조선 여인이 소매 달린 장옷을 뒤집어쓴 모습을 가리켜 "우리나라의 학생이 쓰쓰소데하오리(筒袖羽織)를 머리에 뒤집어쓴 것과 조금도 다르지 않다"며 일본에서는 있을 수 없는, 혹은 상상할 수 없는 상황과 비유하여 '골계'적이고 '바보스러운' 풍경으로 연출해내고 있는 것이다. 하지만 이러한 해설은 오히려 때로는 만화 안에 담겨진 고유한 이국적 상상을 훼손하는 해석이 되기도 하여 만화와 그 해설 사이의 균열을 초래하기도 한다.

또한 〈20. 조선 가옥의 부엌〉에서는 여인의 상체만한 '커다란 손'과 '큰 그릇에 가득 담긴 밥'과 같이 과장을 통한 풍자의 기법이 사용되고 있다. 하지만 해설에서는 "이 그림은 일본풍의 당당한 부엌으로 그려져 있으나 그것은 알기 쉽게 그린 것으로, 실은 조선집의 부엌에 이런 훌륭한 것은 없다"고 하고, '침' '코푼 손' '파리' '악취' 등의 단어를 나열해 '불결'한 조선을 표상하는 데 치중하고 있다. 그리고 만화 〈42. 참외〉를 보면, 광주리 가득 담긴 참외 앞에서 그것을 먹는 조선인의 그림이 나온다. 해설에서는 이에 대해 "(한번에-인용자) 스무 개나 먹는다는데 놀랄 만한 폭식이다"라든가, "지독하게 식욕이 과해 궁하게 먹는다"고 하며 조선인의 과식, 폭식을 비판한다. "남양에서는 바나나를 주식으로 삼고 야자나무 열매즙을 마셔서 토인이 충분히 살아간다는데, 한인(韓人)도 여름에는 참외로 살아가는 것이다"라고 남양의 '토인'에 비유하기도 하면서 조선인의 폭식과 불결한 식문화를 야만시하는 결론에 도달한다.

2) 일본인 부재의 의미

『조선만화』 속 만화의 프레임 안에는 일본인이 부재한다. 총 50편의 그림 중에서 단 2편, 즉 〈6. 갈보집〉과 〈7. 단단히 좋소〉에만 일본인이 등장한다. 그 이유는 만화의 프레임 안이 오로지 조선의 야만성=미개성, 즉 불결, 악취, 태만, 폭식, 저능, 무사태평(=부주의함), 온순함만이 존재하는 공간이기 때문이다. 그로 인해 만화의 프레임에서는 자기=일본인과 타자=조선인 사이의 관계가 '보는 자=시선'과 '보이는 자=대상'으로 위계화될 수밖에 없다. 물론 언어로 표현된 해설에서는 일본어가 직접적으로 개입한다. 하지만 그 또한 프레임 안의 야만성=미개성을 극단적으로 강조하는 데 기여할 뿐이다.

일본인이 등장하는 단 2편의 만화 〈6. 갈보집〉과 〈7. 단단히 좋소〉를 살펴보자. 우선 〈7. 단단히 좋소〉라는 만화 제목은 조선어 소리=음성을 들리는 그대로 적고 있다. 이는 잡지 『조선』에 실린 이 책의 광고카피 문구 중 '조선토산'임을 강조한 것처럼, '생생한' 조선의 모습을 전달하기 위한 차별화 전략의 하나일 것이다. 하지만 만화로는 타자의 열성(劣性)을 표현하는 감각으로서 후각과 미각을 담아내기가 쉽지 않다. 이때 해설의 일본어가 적극적으로 개입하게 된다. 이 해설에서는 "마늘 냄새, 간장 냄새", "마늘과 고춧가루로 사육된 맹렬한 냄새", '심한' 분변 냄새 등을 통해 조선인 및 조선인 거리를 서술하고 있다. 이처럼 만화로는 재현 불가능한 조선의 냄새에 대해 해설 부분에서 민감하게 반응하고 많은 양을 할애한 것도 사실 '조선토산'임을 강조하기 위해서일 것이다. 미각과 함께 후각은 어떤 감각보다도 대상과의 거리가 근접했을 때 얻을 수 있는 감각이다. 또한 후각은 계급(빈부)이나 지역차와 성(性)차 등의 다양한

패러다임 중에서 열성을 표상하는 기호 중 하나이기도 하다. 따라서 이는 조선(인)과 일본(인)의 위계를 지시할 수밖에 없다. 또한, '갈보집'의 바깥 풍경을 묘사한 〈6. 갈보집〉에서도 만화는 '갈보(喝甫)'라고 음차하여 한자로 제목을 붙이고 있지만, 해설에서는 벌레 같다는 의미를 강조하여 '갈보(蝎甫)'라는 한자로 제목을 달고 있을 뿐만 아니라(이는 '단단히 좋소'라는 만화의 마지막 부분에서 빈대를 언급한 것을 연상시킨다), 조선어로 들리는 그대로 '가르보(カルボ)'라는 음도 명시하고 있다.

3) '한인'의 전체화와 그 분류

앞서 언급한 것처럼 『조선만화』의 만화들은 그 프레임의 안과 밖이 분명하다. 그 안에는 조선인과 그들의 생활만이 존재한다면 그 밖은 그것을 바라보는 일본인의 시선이 존재하는 것이다. 해설에서도 '방인(邦人)'이나 '아(我)' 등으로 표시된 주체의 문화와의 비교를 통해 만들어낸 차이가 전제된 프레임 안의 존재들, 분명 그들에게 그것은 분류=번역 불가능한 '한인(韓人)'이다. 특히 만화에서는 조선인들도 계급과 계층, 직업과 신분, 세대와 성 등에 의한 차이가 존재함에도 불구하고, 결국 '한인'으로 전체화되어 그려진 존재일 수밖에 없었다. 하지만 〈5. 종이연 날리기〉의 만화를 글로 서술하는 언어의 차원으로 그것을 전환 혹은 부연할 때는 차원이 달라진다. 눈으로 본 대상의 차이나 귀로 듣는 호칭의 차이로 구분하여 그 명칭을 부여해야 하는 것이다. 이 만화의 해설에서는 '한인' 남자를 "큰 요보(大ヨボ), 작은 요보(小ヨボ), 총가(チョンガ, 총각), 아히(アヒ, 아이)"로 분류하고 있다. '요보(ヨボ)' 옆에는 '한인(韓人)'을 부기하고, '총가(チョンガ)' 옆에는 '한동(韓童)'을 부기함으로써 한자의 뜻으로 분류

=번역하려고도 했다. 하지만 그것은 대단히 자의적일 수밖에 없다. 외견과 호칭을 섞어, 자신이 귀로 들은 그대로 명명하여 구분하는 이러한 일종의 번역적 태도는 그보다 앞선 시기의 어떤 글에서도 나타나지 않는 방식이다.

한편, "조선에서는 말을 끄는 것은 한동(韓童, 총개[チョンガ])이고 소를 끄는 것은 야(爺, 요보[ヨボ])"(〈26. 牛下의 낮잠〉 중)라고 하면서 세대나 연령으로 구분하기도 하지만, "한인(韓人) 양반들은 그것(떡-인용자)을 꿀에 찍어 먹는다. 요보나 총가들은 그대로 게걸스럽게 먹는다"(〈16. 한인의 떡찔기〉 중)고 하면서 '요보'와 '총가'를 계급적 동질성을 지닌 존재로 분류하는 등 그 기준에는 일관성이 결여되어 있음을 확인할 수 있다. 이렇듯 해설에서는 만화로 분류=번역이 불가능했던 '한인'을 조선어로 발화된 소리의 차이나 눈에 보이는 형상의 차이에 따라 자의적으로 의미를 취해 분류=번역하려고 시도한 것이다. 만화로는 번역이 불필요했던 사실들을 언어로는 부득불 번역해야 했던 것은 어쩌면 시각의 불충분성에서 비롯한 것이라 볼 수 있다. 그렇다고 해서 '한인'들에 대해서 번역해 옮겨놓은 언어들이 그 불충분성을 극복하고 있는 것은 아니다.

4) 조선어, 그 소리를 담다

만화의 제목들 중에 〈7. 단단히 좋소(タンダニ, チョッソヨ)〉와 〈12. 돈치기(トンッキ)〉 같은 경우는 조선어를 들리는 소리대로 옮겨 가타카나로 적어놓고 있다. 그 외 해설에서는 〈11. 제게 찬다(チェーゲチャンタ, 제기 찬다)〉'처럼 가타카나로만 옮겨 적은 것이 있고, 〈12. 돈치기〉나 〈6. 갈보집〉의 '전척(錢擲)'이나 '갈보(蝎甫)'처럼 훈차하거나 음차하여 한자로 쓰

고 그 위에 조선어 소리를 가타카나로 부기한 예가 있다.

앞서 살폈지만, 조선인을 분류할 때는 'ヨボ'(요보), 'チョンガ'(총가), 'アヒ'(아히), 'ヨンガミ'(영가미)라고 표기하여 조선어 소리를 사용했다. 대개 해설 부분에서 일본어 번역 없이 그대로 조선어 소리만을 적는 경우가 많았다. 'アイゴー'(아이고), 'チーバリ'(치바리=제발) 등의 감탄사나 'ビンデ'(혹은 'ピンデ', 빈대), 'つるまき'(쓰루마키), 'ウリ'(우리), 'チヤンニム'(장님), 'パンスー'(판수), 'ハンガチ'(한 가지)와 같은 말, 그리고 "ユンノンダ"(읊논다)와 같은 간단한 표현은 조선어 소리 그대로 표기했다. 더 나아가서는 "アイゴ, オモニー, エッエン"('아이고, 어머니, 어쩨'로 추측됨), "ヨダン, セイ, ヨッサリョウ"(엿당 있세이, 엿사려) 등과 같은 문장까지 일본어 번역을 거치치 않고 그대로 표기하고 있다. 혹은 "ヨンガミさん, 熱い日でガンスナ"('영감이상, 더운 날에 어디 가시나'의 뜻으로 추측됨)과 같이 일본어와 조선어를 섞어 표기하는 경우도 있었다.

그런데 〈7. 단단히 좋소〉의 경우 만화에서는 'タンダニ, チヨッソヨ'라고 쓰고, 해설에서는 'タンダニ, チヨッソよ'라고 쓴 차이에서 흥미로운 점을 발견할 수 있다. 물론 이 둘은 발음상으로는 분명 동일하다. 하지만 만화에서는 마지막 글자를 외래어를 표기하는 가타카나 'ヨ(요)'로 적었지만, 해설에서는 히라가나로 'よ(요)'라 적고 있다. 해설을 맡은 필자 우스다가 이 만화의 제목을 그대로 옮겨 적지 않은 것이다. 그 차이는 만화 제목에서는 가타카나 'ヨ'까지가 조선어이지만, 해설 제목에서는 'よ' 바로 앞까지가 조선어 소리를 받아 적은 것이고, 'よ'는 일본어 표기가 된다. 다시 말해, 전자는 "단단히 좋소요"가 되지만 후자는 "단단히 좋소"+よ(일본어)가 된다. 이는 도리고에의 만화 제목을 해설에서 우스다가 교정한 것이라고 할 수 있다. 이처럼 우스다는 만화에는 없는 제목을 해설에서 새 제목으로 붙이거나(〈11. 재게찬다〉) "이것은 한인 거리에서의 명물 중 하나로서 그림의 제목으로는 극히 어울리는 것"(〈34. 신문의 낭독〉)이라고 하는 등 해설의 제목에 많은 신경을 쓰고 있다. 우스다의 『요보기』를 읽어보면 조선어 소리에 집착했던 그의 창작적 태도를 발견할 수 있는데, 그는 『요보기』에서 자신의 조선 정착 과정 중에 경험한 조선인의 풍물을 소개하면서 '소리'에 대해 대단히 민감하게 반응하여 기록했다. 그런데 그 낯선 '소리'를 일본어 번역 없이 귀로 들은 그대로 가타카나로 옮겨 적었다. 게다가 스스로 그 말을 사용하여 조선인과 대화하는 장면도 묘사한 바 있다. 거기에도 일본어 설명이 부연되지 않은 경우가 많았다. 이는 앞서 지적했듯이 그 책이 '조선토산'임을 내세우기 위한 의도이기도 하지만, 그보다 그 저변에 마치 '토인'의 언어에서 이국 취향의 정서를 느끼는 듯한 '문명인'의 우월감이 배어 있기에 가능했던 표현이라고 할 수 있다. 가령, 〈43. 매복(賣卜)선생〉의 해설에는 봉사 점쟁이들이 "エースーミーリ"(에스미리)라며 조선어로 소리치고 돌아다닌다는 장면이 나온다. 그때 "에스미리"는 무슨 뜻인지 유추 불가능하다. 이처럼 그저 들리는 대로 옮겨 적은 이 조선어 소리는 앞의 낯선 조선어들처럼 일본어로 번역되어 있지 않다. 이는 당연히 일본어 화자들에게는 의미 불명의 기표에 불과한 것이다. 하지만 그 의미 불명의 기표는 조선의 미개를 뜻하기도 한다. 따라서 미지의 혹은 신비의 조선어 '소리' 자체가 비하의 표현이 되는 것이다.

なのだ、彼等は年齢僅かに十五六才と見ゆるが、巳に、而して巳が女房に客を取らせるのだ。之が朝鮮では蝎甫(カルボ)のみならんや、妓生(キーサン)等も皆な亭主持で、亭主が妓夫、蝎甫屋の外に立つて居る斯種(このしゆ)の小(せう)妓夫は、少さい提(だ)げて居る、日本人が通ると、ヨンガミさんくゝと、默つて行き過ぎやうとすると、見るばかり宜しける、默つて行き過ぎやうとすると、見るばかり宜し先づ代物を見てからに氣に召したら買ひなされと岬(みさき)を斯(か)して淫賣させて、焦(こが)る丶なんとしよではならね、余り平凡な文句だ。飛に角十五六才の娘

Ⅱ 『조선만화』

【일러두기】
* 별도의 표시가 없는 한 각 항목이 끝날 때마다 첨가된 주석은 모두 옮긴이의 것이다.
* 원문의 한자어를 그대로 옮길 경우 '( )' 안에 한자를 병기했으며, 한국어에 없는 일본식 한자어의 경우에는 '[ ]' 안에 원문을 표기했다. 단, 일본어 발음을 그대로 옮길 경우에는 '( )' 안에 해당 한자어 혹은 일본어를 병기했다.
〈예〉도한(渡韓), 관리[役人], 쓰케모노(漬物), 후카아미카사(深編み笠)
* 당시의 조선어 발음을 저자가 들리는 대로 가타카나로 옮겼을 경우, 본문에는 될 수 있으면 한국어로만 표기하려 했다. 단, 주석에 원문의 가타카나를 표시하고 '( )' 안에 한국어 발음을 병기했다.
* 『조선만화』의 저자 해설 중에는 조선인을 지칭하는 일본인 일반 혹은 저자 특유의 호칭이 자주 등장한다. 이 경우 저자가 가타카나로 병기한 발음을 우선적으로 옮기고 '[ ]' 안에 원문의 한자어를 병기했다. 특수한 경우에는 옮긴이의 주석을 통해 원문의 표기를 밝혔다. 〈예〉총개[韓童]
* 본문에 표시된 강조점은 모두 저자의 것이다.

목차

1. 대신(大臣) 행렬
2. 온돌의 독거(獨居)
3. 하이칼라 기생
4. 우도(牛刀)
5. 종이연 날리기
6. 갈보집
7. 단단히 좋소
8. 묘 앞의 통곡
9. 묘 주변의 석상(石像)
10. 조선 장기
11. 제게 찬다
12. 돈치기(錢擲)
13. 신선로
14. 엿장수(飴賣)
15. 점두(店頭)의 우두골(牛頭骨)
16. 한인의 떡방아
17. 우동집
18. 군밤
19. 떡장사
20. 조선가옥의 부엌
21. 옛날의 큰 배
22. 옛날의 조선 관리[役人]
23. 옛날의 한선(韓船)
24. 옛날 악기
25. 조선말(馬)
26. 우하(牛下)의 낮잠

27. 무동(舞童)

28. 요보의 싸움

29. 석합전(石合戰)

30. 요보의 톱질

31. 조선의 가마

32. 조선의 인왕님

33. 돈 계산

34. 신문의 낭독

35. 기생의 춤

36. 요보의 주머니[巾着]

37. 변기 세척

38. 한인의 우구(雨具)

39. 변기와 세면기

40. 쌀 찧기

41. 유방의 노출

42. 참외

43. 매복(賣卜)선생

44. 잔털 뽑기

45. 걸식

46. 조선의 모자

47. 조선 차부

48. 부녀자 풍속

49. 조선 신사(紳士)

50. 승려

1. 대신(大臣) 행렬

* 이 그림은 대한제국의 대신들이 일본으로부터의 박래품인 인력거로 행차하는 모습을 생동감 넘치게 표현하고 있다. 이 그림의 우측 하단에 적힌 '대신 행차(大臣のお通り)'라는 제목 옆에 'セイ'라 표기된 도리고에 세이키의 서명을 주목할 필요가 있다. 『조선만화』에 수록된 모든 만화에는 'セイ'나 'セイキ' 혹은 '靜キ' 등의 서명이 있는데, 이는 그가 잡지 『조선』에 그린 시사만화에는 없는 것이다. 이는 이 책의 모든 만화가 시사만화와 변별되는 작품임을 의식했던 도리고에의 작가의식이 드러나는 대목이라고 할 수 있다.

왕후장상(王侯將相)이란 집안이나 혈통에 의하지 않고 자기 자신의 재능과 노력으로 이루는 것이다.[1] 지난날의 망명객이 지금은 상인(相印)[2]을 몸에 차고 내각에 출석하니 그러한 삶은 영화로운 것이다. 차마(車馬)가 소리치며 지나니 일대(一代)의 호탕함을 청천백일에 자랑하기에 충분하다. 그런데 무슨 일인가. 진고개, 길이 좁아 마차의 궤도를 깔 수 없고, 긴 채찍은 어떨 때는 행인에게 상처를 입힐 뿐이다. "우리에게는 가마가 있다"고 말은 하지만 그건 낡고 케케묵은 것이고, 저 서양 박래의 검은 마차가 반짝반짝 빛난다. 융단의 좌석 안에서 유리창[3]을 그저 스쳐 지나는 거리의 사녀(士女)를 내려다보는 꼴이 하이칼라답지 못하다. 실로 '제발' 또는 '아이고'라는 소리가 절로 난다.[4] 다만 다행스럽게도 일본인 문명이 독창적인 인력거를 수입했다. 그 긴 채찍을 휘두르며 말을 부리는 것은 고성 질타로 하인을 부리는 것과 같이 개화(開化)와는 거리가 멀다. 생각건대 인력거는 범용천부(凡庸賤夫) 모두가 타는 것으로서 평등일시(平等一視)한 것이니, 특히 사람에 대해서는 오만함이 없다. 그렇더라도 이미 국풍(國風)을 버린 채 목후(沐猴)의 관(冠)[5]을 실크로 만들어 쓰고 상인(相印)

---

1 『사기』의 「진섭세가(陳涉世家)」에 나오는 "王侯將相 寧有种乎", 즉 "왕후장상의 종자가 따로 있겠는가"를 인용한 구절이다.
2 상인(相印)은 관리로서의 신분을 나타내는 관인의 일종이다. 전국시대 말기에 활동한 종횡가(縱橫家)의 한 사람인 소진(蘇秦)이 6국의 동맹을 꾀하여 6국의 상인(相印)을 차고 불우했던 시절에 자기를 모욕했던 고향 사람들에게 과시했다는 고사는 『사기』 69편에 기록된 유명한 이야기다.
3 원문은 'ギヤマン窗'라 되어 있다. 기야만(ギヤマン)은 네덜란드어의 diamant나 포르투갈어의 diamante에서 온 말로 에도(江戶)시대에 다이아몬드를 칭하던 용어였다.
4 원문은 가타카나로 '치바리(チーバリ)'와 '아이고(アイゴー)'라고 되어 있다. 이렇게 한국어 소리를 들리는 대로 일본 문자로 옮겨 표기한 것이 이 책에도 상당히 많이 나오지만, 이보다 앞서 출간된 『요보기(ヨボ記)』에 더욱 많이 나온다. '아이고와 치바리'가 『요보기』에는 "아이고, 제 제발(アイゴ, チ, チエーバリ)이라고 쓰고 곤돈(困頓)이라 부기하여, 즉 곤란한 상황에 처할 때 쓰는 표현임을 표시한 부분도 있다.(『ヨボ記』, 日韓書房, 1908, p.64)
5 '목후의 관(沐猴而冠)'은 『사기』의 「항우본기(項羽本紀)」에 나오는 말이다. 항우가 진나라의 도읍 함양을 손에 넣었으나 자신의 고향 팽성(彭城)으로 천도하려 했을 때, 한생(韓生)이 탄식하며 혼잣말로 "원숭이를 목욕시켜 관을 씌운 꼴이군(沐猴而冠)"이라 한 데서 유래하였다. 지위에 어

을 몸에 찬 채 조정에 나가서 하층의 백성에게 임하는 자 또한 잠시 나설 때는 그 행렬을 장황하게 하지 말아야 한다. 즉 순검(巡檢)이 앞에서 뛰고 순사가 총을 들고 그 뒤를 따르며, 후위(後衛) 또한 이와 같이 행렬이 이어져 위세 당당하니, 감히 그 어떤 경우도 범할 자 없다. 폭도 가까이 다가가지 못하고 우민(愚民) 엎드려 물러난다. 비가 내리면 덮개를 치고 맑은 날이면 햇볕을 쬐어 가장 위생적이고, 마분(馬糞) 냄새도 전혀 나지 않는다. 생각건대 말을 앞세우고 사람을 뒷차에 태우는 것은 아직도 금수[6]와 사람의 위치를 전도시키는 야만적인 풍속을 지키고 있는 것이다.

울리지 않게 소심한 인물에 비유하여 쓰는 말이다.
6 원문은 금축(獸畜)으로 되어 있다.

2. 온돌의 독거(獨居)

 기괴한 그림이 그려진 작은 병풍을 두르고, 침침한 어둠의 온돌 안에서 홀연히 독거하는 것이 과거 조선의 취미, 조선식 표상이다. 이 그림 안에 조선이

---

* 우스다 잔운이 "이 그림 안에"라고 했던 것처럼 서술 부분에서는 가령 "이 그림은"이나 "이 그림처럼"과 같은 해설 투의 표현이 자주 산견된다. 게다가 조선의 떡 찧는 장면을 그린 만화(16. 한인의 떡방아)를 가리켜 "전쟁만화에서나 있을 법한 그림"이라고 평하는 부분이 나오기도 한다. 이 그림의 해설에서도 직접 지시하고 있지는 않지만 그림에 담겨진 의미를 최대한 자기 나름대로 해석해서 서술하려는 태도가 엿보인다. 이것은 바로 『조선만화』가 만화가 선행하고 그 다음에 그 만화를 부연하는 서술이 뒤따르는 순서로 편집된 것임을 알려주는 대목인 동시에 그 만화들이 각각의 독자적인 서사성을 담고 있는 것임을 의미한다. 이 그림에서는 온돌을 통해 '어둠'으로 표상되는 조선인의 생활상을 그리기 위해 깜깜한 배경이 눈에 띈다. 그리고 해설에서도 서술자인 우스다가 『암흑의 조선』의 저자인 만큼 '기괴' '독거' '칩거' '곰팡이' 등과 같은 말을 통해 조선의 '어둠'의 생활상을 설명하려는 태도가 역력하다.

라는 명칭이 담고 있는 그 극치가 어김없이 표상되어 있다.

한거(閑居)하며 뜻을 세우는 것도 아니고, 선(禪) 삼매경의 경지에 들어선 것도 아니며, 공상을 다부지게 하는 것도 아니고, 국가를 위해 초려하는 것도 아니다. 방 깊숙이 만권의 책을 소장했다 해도 한가할 때 섭렵하고 독파하려는 것도 아니고 다만 자신의 의식(衣食)의 충분함과 주거의 안락함만을 느낄 뿐, 결코 과거를 회상하며 회한에 빠지는 것도, 장래를 생각하고 천세(千歲)의 근심을 품는 것도 아니다. 단지 이 찰나 홀로 자신의 존대함에 거들먹거리며 곰방대의 연기를 들이마셨다 뱉는 정도인 것이다.

그 욕망, 깊다고 하더라도 또한 그 이상을 구하지 않고 이미 있는 것을 약탈당하지 않기를 희망할 뿐이다. 그것도 단지 목전의 이해를 타산할 뿐이다. 뻔히 보이는 교활한 수작[7]을 부리고 오히려 엄살 부리는 추태를 연기할 뿐이다. 담배 연기를 바라보며 용천(龍天)에 오르는 꿈을 꾸고, 주머니를 열어 한 푼이라도 적게 셈하지 않았을까를 검사한다. 그리고 자기네 온돌이 견고하다[8]고 생각하여 강도당할 일이 없는 생활을 인생무상의 행복이라 여긴다. 집안에 사람이 아무도 없더라도 용모를 단정히 하는 것이 유아독존인 체 거드름을 피운다. 요컨대 온돌생활은 칩거생활로서 진취의 기상을 소마(消磨)시키는 독소이다. 구멍에 칩거하듯 안빈낙도하는 것은 타락퇴폐의 원인이다.

어찌 지혜로운 자와 사리에 밝은 자가 있을 수 있겠는가.[9] 다만 그 국가의 진보는 간난(艱難)할 뿐이다. 정리해서 말하자면 한인(韓人)은 저능자인 것이

---

7 원문은 '활지(猾智)'로 되어 있다.
8 원문은 '요해견고(要害堅固)'로 되어 있다. 요해견고란 지형이 험하고 방비가 견고하여 쉽게 공격을 당하지 않는 것을 의미한다.
9 원문에는 각각 '명달자(明達者)'와 '활안자(活眼者)'로 되어 있다.

다. 그 주거가 온돌인 것처럼, 그 두뇌도 온돌과 같이 통풍이 좋지 않고 침침하다. 게다가 담배와 아편 때문에 뇌에 곰팡이가 피게 만든다. 우선 그 온돌을 깨부수고, 그 장죽을 꺾고, 그 말총 두건을 찢어 버려라.

3. 하이칼라 기생

* 등장인물들의 해학적인 표정이 한껏 돋보이게 그려진 만화이다. 그리고 기생과 인력거 차부에 비해 인력거 옆을 따라 걷는 양반의 표정이 대조적으로 그려진 부분도 재미있다.

붉은 박쥐양산을 쓰고 상아 파이프 담배[10]를 피우며 번지르르한 차 위에서, 늘어진 콧수염에 부스스한 턱수염을 기른 양반들을 내려다보며 지나가는 기생. 일본의 게이샤(芸者)보다는 훨씬 하이칼라답다. 머리에는 커다란 붉은 리본을 앞뒤로 꽂고 옆에는 장미 문양의 핀, 개화된 체하는 203고지(高地)[11]가 구역질 나올 정도라고 말하면 그뿐이지만, 그래도 너무 안하무인이다. 한껏 하이칼라 분장을 하고 인력거 위에서 몸을 돌려 앉은 모습이 눈에 띈다. 일본의 게이샤나 작부의 튀는 행동에 비해서는 훨씬 건식이 높다. 삼천 년 동안 창기처럼 육성하여 한팔도(韓八道)의 교활 국민 중에서도 성적(性的)으로 기지가 넘치는 제1등 기생. 기생학교를 졸업했다는 명함은 메지로(目白)의 대학을 졸업한 에비차(海老茶)[12]들보다 더 잘 나간다. 기생학교에서는 보통의 학문뿐만 아니라 의약, 가무음곡 일체를 교수하기 때문에 기생은 반(半)개화의 조선에서는 현세로 내려온 천녀(天女). 대관양반을 홀리고 희롱한다. 작년 박람회[13]에 출연하고부터는 기생의 하이칼라 시늉이 급격히 진보하여 활달하기 그지없

10 원문은 'オールド'로 되어 있다. 이는 'old gowrie'라는 파이프 담배를 가리킨다.

11 '203고지'는 중국 북동부의 요동반도 남단에 위치한 여순(旅順)에 있는 구릉을 말한다. 러일전쟁 당시에 러시아 해군의 기지였던 여순항을 둘러싼 일본과 러시아 사이의 쟁탈전에 의해 격전지가 되었던 장소. 여기서는 기생이 개화된 체하는 콧대 높은 태도를 비유하는 말로 쓰였다.

12 도쿄(東京)의 한 지역인 메지로(目白)에는 일본여자대학 등이 있었다. 본래 에비차는 검은 색이 도는 짙은 브라운 색에 가까운 일본 고유의 색조어 중 하나이지만, 메이지 30년대(1890년대)에 여학생들이 그 에비차색의 하카마(袴)를 많이 입어 여학생을 표상하게 되었다.

13 1907년 9월에 한성 구리개 대동구락부에서 열린 〈경성박람회〉를 가리키는 것으로 보인다. 경성박람회는 1906년 부산에서 열린 조선 최초의 〈일한상품박람회〉 이후 경성에서는 처음 열린 박람회로 알려져 있으며, 이 박람회에 기생 출품을 위한 전시관이 처음으로 마련되었다. 『황성신문』 1907년 9월 6일자 기사에 의하면 박람회장은 제1호관, 제2호관, 본관, 그리고 기생의 공연을 선보인 연예원(演藝園)으로 이루어져 있었다. 이 연예원에서는 "일주일에 3차씩 아국(我國) 기생 및 삼패(三牌)와 일본 기생이 각 1일씩 가무를 질주(秩奏)하였으며 "관객이 이곳으로 내집(來集)하야 광장이 미만(彌滿)하"였다고 한다. 또한 1907년 9월 7일자 『대한매일신보』 기사 중에는 이 박람회에 참가한 기생들에게는 각기 일비를 5원씩 주었다는 내용이 있다.

는가 하면, 일단 관기(官妓)로서 궁중을 출입한 이들이 작년 궁중 숙정[14] 후에 한꺼번에 해직되어 궁 밖으로 쏟아져 나왔기 때문에 국왕과 지척이었다는 관록에 우쭐대기가 이만저만이 아니다. 외출할 때는 반드시 인력거를 타고 누구나 남편이 있으면서 손님을 맞이하다니, 안하무인의 금수나 다름없다. 남편은 기둥서방으로 일하고 자식놈은 거리에 나가 호객행위라니 잘 돌아가는 집안이다. 아들 낳기를 중히 여기지 않고 딸 낳기를 중히 여기기에 이른 것도 무리는 아닐 터이다. 자기 마누라에게 부림받는 것만 봐도 조선 남자는 굼벵이나 다름없다.

14　1906년 7월 2일 통감 이토 히로부미는 고종황제를 알현하면서 폭도 반발의 화근이 궁중에 잠재했으니 궁중의 숙정을 필요로 한다며 왕궁경비기관인 경위원 대신 경무고문부 감관으로 하여금 궁정 호위를 맡도록 할 것을 상주한다. 경위원 폐지와 궁금령의 발포로 1907년 3월 17일부터 황실경위권을 박탈당했으며 일본경찰에 의해 황궁이 장악당하게 된다.

4. 우도(牛刀)

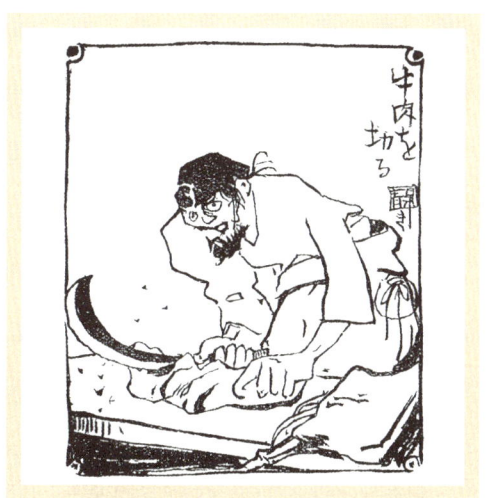

　닭의 배를 가르는데 어찌 우도(牛刀)를 쓸꼬 하는 옛말이 있지만, 문명적으로 톱을 써서 양분한 후 예리한 작은 칼로 잘게 써는 도쿄식이라면 우도와 계도(鷄刀)의 구별은 필요없다.

　그런데 한인의 우도는 보통 물건이 아니다. 칼끝이 둥글게 감아올라간 둔

---

* 만화의 제목은 '소고기를 자르다'이지만 해설은 소고기를 자르는 우도(牛刀)에 주목하여 기술되어 있다. 그 서술은 일본의 정육(精肉) 방법과 비교하는 방식을 사용하고 있다. 이러한 비교의 방식에는 일본=문명과 조선=야만을 이분법적으로 구분하는 인식 태도가 바탕이 되어 있다. 이 점에 대해서는 다음 만화 〈5. 종이연 날리기〉의 해설을 통해 좀더 확인할 수 있다.

탁한 칼로 물컹물컹한 소고기를 투박하게 잘게 썰어놓은 것은 보는 것만으로도 입맛이 떨어진다.

한인 소고기 장수는 1엔어치 남짓으로 아침시장에서 떼어온 소고기를 작은 바구니 안에 담아, 어깨에 비스듬히 걸고 칼만은 둥근 날의 커다란 놈을 가지고 온다. 물론 잘게 써는 기술이 있을 리 만무하다. 한인에게 구입한 고기는 질기고 맛없어서 먹을 수 없다. 두께는 6~9밀리미터[15]나 되도록 두껍게 자르고, 자투리는 삼각형으로 큼직하게 썬다. 게다가 질 나쁜 고기를 싸게 떼어온 것이기 때문에 참을 수가 없다.

조선의 소고기는 물컹물컹해서 도쿄풍으로 양초 썰듯 총총 단책형(短冊形)으로 멋들어지게 썰어지지 않는다. 도살하기 3일 전부터는 물도 먹이지 않고 두어야만 고기가 쫄깃쫄깃해진다. 하지만 조선에서 그런 준비과정이 있을 턱이 없다. 무게가 더 나가 보이게 오히려 물을 너무 먹이기 때문에 고기는 물컹물컹하고 잘게 썰리지 않는다고 한다. 하지만 소고기의 본고장이라고 불리는 고베(神戶)의 정육점[16]에서 내놓는 것도 역시 물컹물컹한 것을 접시에 가득 담아 파와 섞어서 가지고 온다. 그 역시 보기에 기분이 좋지 않다. 도쿄식으로 커다란 접시에 한 장씩 썰어서 내놓는 것이 최고다.

한인은 파리를 신경 쓰지 않는다. 보통 음식점의 그릇에도 파리가 붕붕 날아든다. 하물며 그것이 소고기라면 어떻겠는가. 새까맣게 무리 지어 앉아 있다. 일본인의 손에 건네져 정성껏 손질되어도 조선 소고기는 역시 맛없다. 생

---

[15] 원문은 '2, 3분(分)'으로 되어 있다. 1분(1푼)은 척관법에서 길이를 재는 단위로 1촌(한 치)의 10분의 1이며 1촌은 약 3센티미터이다.
[16] 일본에서는 개국과 더불어 거류지의 외국인에 의해 소고기 수요가 발생했다. 그때 소고기 전골(스키야키)로 대표되는 육식이 일본적 문명개화의 상징으로 이용되기도 했다. 외국인 거류지의 하나였던 고베(神戶)에서는 특별히 소고기 수요가 많았는데, 지금도 고베의 특산물 중 하나가 고베우(神戶牛)이다.

선보다도 훨씬 싸니까 어떻게든 팔리긴 한다. 도쿄의 소고기나 돼지고기를 먹고 싶다고 누구나 투덜댄다.

5. 종이연 날리기

* 『조선만화』의 만화들은 그 프레임의 안과 밖이 분명하다. 안에는 조선인과 그들의 생활만이 존재한다면, 밖은 그것을 바라보는 일본인의 시선이 존재하는 것이다. '방인(邦人)'이나 '아(我)'의 문명 혹은 문화와의 비교를 통해 만들어낸 차이가 전제된 프레임 안의 존재들, 그들은 낯선 대상일 수밖에 없다. 따라서 그 대상을 시각화하는 데 있어 불충분하기 때문에 해설이 동반될 수밖에 없었던 것이다. 하지만 만화와 해설 사이의 차이들이 종종 드러나는 경우가 있는데, 그 점에 유의하여 읽을 필요가 있다.

요보의 종이연은 한가운데 구멍이 뚫려 있다. 경성에서는 커다란 종이연을 볼 수 없다. 얇은 대나무살에 붙인 반지판(半紙版)[17]의 종이연뿐이다. 꼬리는 달지 않았다. 굳이 여기에 소개하는 의미는 둥글게 종이를 도려낸 점 때문이다. 구멍이 있기 때문에 종이연이 허둥대며 빙빙 돌아도 좀처럼 떨어지지 않는다. 요보의 아이디어로서는 어울리지 않게 기발한 물건을 잘도 만들었다.

큰 요보, 작은 요보, 총각, 아이[18]가 무리지어 반지판보다 조금 크고 구멍이 뚫린 종이연을 날리는 것은 아동들의 놀이이다. 그림도 그려져 있지 않다. 우나리[19] 꼬리도 달려 있지 않다. 진실로 무예무능(無藝無能)의 극치다. 하지만 요보까지 연날리기를 할 생각을 가졌다는 데 놀랐다. 왜냐하면 배나 차가 있었다고는 하지만 예부터 사람은 땅에서 발을 뗄 수 없었다. 인간의 모든 지혜로 고탑을 세워도 하늘에 닿을 수 없다. 옛날이야기에는 포도 사다리를 걸어서 하늘에 달아 월궁(月宮)의 공주님에게 놀러 갔다고 하나, 효계세(澆季世)[20]의 인간은 죄업이 무거워서인지 하계(下界)에 침윤하여 무릇 창천(蒼天)을 부러워할 뿐이었다. 하지만 종이연과 같은 물건이 있어 인간의 몸 대신에 높이 창공에 띄워 뇌명(雷鳴)을 울리고 인간의 불편을 황천(皇天)에게 호소할 수 있었다. 진실로 통쾌해할 만한 일이다. 아마도 인간의 향상심이 발발한 결과일 것이다. 그렇다면 반지판의 종이연도 요보에게 반지(半紙) 크기의 향상심이 있다는 증거로 보고 칭찬해도 좋겠다. 아쉬운 것은 한가운데에 구멍이 뚫려 뇌명을 발하는 우나리가 달려 있지 않다. 우나리를 달아주자 총각은 대단히 즐거워했

17 닥나무로 뜬 얇고 부드러운 일본 종이 중 하나인 전지를 반으로 자른 것.
18 이 글의 필자 우스다는 여러 군데서 조선인을 구분하려는 의도로 이처럼 다양하게 조선인을 부르고 있다. 이 점은 눈여겨 읽을 필요가 있다.
19 우나리(うなり)는 연의 꼬리에 달아서 바람의 힘으로 소리를 내는 것을 가리킨다.
20 도덕이 무너지고 인정이 경박한 말세.

는데 큰 요보가 와서 아무 말 없이 우나리를 떼어가고 말았다. 요보에게는 향상심이 있지만 하늘에 노호(怒號)할 배포는 없다. 단전에 구멍이 뚫려 있기 때문에 그렇다.

6. 갈보집

* 이 만화는 다음 항목인 7번의 〈단단히 좋소〉와 함께 일본인이 등장하는 두 편의 만화 중 하나이다. 제목 그대로 '갈보집'의 바깥 풍경을 묘사한 이 만화에서는 갈보를 '喝甫'라고 음차하여 한자로 제목을 쓰고 있다. 한편, 우스다는 해설에서는 벌레 같다는 의미를 강조하여 '갈보(蝎甫)'라는 한자로 제목을 달고 있을 뿐만 아니라(이는 '단단히 좋소'라는 만화의 마지막 부분에서 빈대를 언급한 것을 연상시킨다), 조선어로 들리는 그대로 '가르보(カルボ)'라는 음도 명시하고 있다. 이 말은 듣는 것만으로도 야릇한 기분이 든다면서 그것은 일본어로 '지옥(ヂゴク)'이라는 말을 듣는 것과 아주 상통한다고 적고 있다.

갈보라는 명칭은 천박하다. 이름을 듣는 것만으로도 이상한 기분이 든다. 지옥[21]이라는 일본말과 지극히 통하는 의미로 들린다.

한인은 온돌 주거이기 때문에 중산층 사람이라도 불결한 집에 살고 있다. 하물며 하등의 음매부인 갈보의 주거는 이루 말할 필요가 있겠는가. 단지 갈보집은 지하에 있지 않다. 우리나라의 창기와 마찬가지로 공공연하게 영업을 한다. 조선에서는 유곽을 구획 지정하지 않기 때문에 갈보집은 도처의 골목에 주점이나 채소가게와 마찬가지로 수요에 따라 산재한다. 단속도 없으며 모두 돼지우리 같은 온돌에 집을 짓고 저녁부터 통행인을 끌어들인다. 요즘은 방인(邦人:일본인-옮긴이)의 노동자 계급을 싼 가격에 끌어들일 심산으로, 그들은 모두 다소의 일본어를 말한다. 거류지에 가까운 곳의 갈보는 "영가미(영감-옮긴이)상, 오아가리낫사이"[22]라고 꼬시며 손님을 끈다.

온돌 밖에는 15, 6세의 요보가 황색 목소리[23]로 통행인을 잡는다. 이것이 기둥서방이다. 그들은 나이 겨우 15, 6세 정도로 보이지만 이미 상투를 틀고 아내를 갖고 있다. 그리고 자기 아내에게 손님을 받도록 하는 것이다. 이것이 조선에서는 예삿일로 어찌 갈보뿐이겠는가. 기생 등도 모두 남편이 있고 남편이 기둥서방을 겸한다.

갈보집 밖에 서 있는 그런 작은 요보인 기둥서방은 그림과 같이 작은 초롱불을 들고 있다. 일본인이 지나가면 "영가미상, 영가미상" "삐-삐-" 소리를

21　원문에는 ヂゴク(지고쿠)라고 가타카나로 표기하여 강조하고 있다.
22　원문은 "ヨンガミ(丹那)さんお上りなッさい"로 되어 있다. "영감님 이리로 드세요" 쯤의 말로, 원 문장 중 강조점을 찍은 이유는 원래 "なさい"라는 말에 콧소리 섞인 서툰 일본어임을 표시하기 위한 것인 듯하다.
23　'황색 목소리'라는 말은 에도(江戸)시대에 목소리를 색깔로 표현한 풍습에서 유래한다. 거기에는 하얀 소리 등 모두 5색의 목소리가 있었다. 그중 '황색 목소리'는 여성이나 아이들의 날카롭고 높은 소리를 의미한다.

내어 부른다. 대꾸 않고 지나가려 하면, "보기만 해도 괜찮아" 하며 또 불러 세운다. 우선 물건을 보고 맘에 들면 사라며 자기 아내를 천거하는 것이다. 아내를 속여 음매(淫賣)시키고 애태우는 것을 보면, 조선에 스트라이크부시(ストライキ節)[24]가 있을 수 없다는 말은 너무도 당연하다. 이는 너무도 평범한 문구다. 아무튼 조선에서는 열대여섯 살 난 기둥서방도 애교다.

---

24 스트라이크부시(ストライキ節)는 시노노메부시(しののめぶし)의 다른 이름으로 메이지(明治) 말기의 유행가 중 하나이다. 나고야(名古屋)의 창기 시노노메(東雲)의 탈주사건을 풍자하여 만들어졌다거나, 혹은 나고야의 시노노메루(樓)의 창기들이 스트라이크를 일으킨 데서 만들어졌다고 한다. 가사 중에 "시노노메의 스트라이크"라는 구절이 있어 그렇게 불리었다. 1900년에 구세군에 의한 폐창(廢娼)운동이 벌어지면서 대심원과 내무성의 단속 규칙 등에 의해 창기의 자유 폐업이 지지를 받았다.

7. 단단히 좋소

* 총 50편의 그림 중에서 〈6. 갈보집〉과 함께 일본인이 등장하는 작품 중 하나이다. '단단히 좋소'라는 제목처럼, 이 책에는 조선을 묘사함에 있어 들리는 그대로의 조선어 소리=음성을 전달하려는 태도가 눈에 띄게 자주 보인다. '조선토산'이라는 광고 카피처럼 '생생한' 조선의 모습을 전달하기 위한 차별화 전략의 하나라고 생각된다. 이와 별도로 '조선토산'임을 강조하기 위해서 조선의 냄새를 표현하려는 의도가 특히 해설에서 자주 보이는데, 이 해설에서는 "마늘 냄새, 간장 냄새", "마늘과 고춧가루로 사육된 맹렬히 냄새나는", '심한' 분변 냄새 등을 통해 조선을 서술하고 있다. 이처럼 만화로는 재현 불가능한 조선의 냄새를 서술한 부분에 민감하게 반응하고 많은 양을 할애한 것도 사실 '조선토산'임을 강조하기 위해서이다. 미각과 함께 후각은 어떤 감각보다도 대상과의 거리가 근접했을 때 얻을 수 있는 감각이다. 또한 후각은 계급(빈부)이나 지역차와 성(性)차 등의 다양한 패러다임 중에서 열성(劣性)을 표상하는 기호 중 하나이기도 하다.

"단단히 좋소"라며 옷자락을 잡아당기니 거참 황송할 따름이다.

마늘 냄새, 간장 냄새, 거기다 뭐라 표현할 수 없는 조선 냄새 나는 여자. 수많은 전쟁터를 겪었고, 사창가[25]를 다니며 바람둥이의 공(功)을 쌓은 강짜(剛者)조차 진절머리난다는 말도 무리가 아니다. 거기에 그 여자가 마늘과 고춧가루로 사육된 맹렬히 냄새나는 토산물을 포장하고 있다는 말을 듣고서는 풍류고 나발이고 없다.

그런데도 강짜가 있어 우선 검사하자며 제멋대로 손장난을 치고는 "이 여자 질환 있으니까 아까 1엔 돌려줘" 하며 포주에게 요구하다 말싸움 끝은 구타 소동. 경찰을 불러 반절만 돌려받고는 콧노래를 부르며 돌아갔다는 둥.

정말 열대여섯 살 되어 보이는 기둥서방이 유혹할 때까지 도랑에 걸린 위험천만한 다리를 건너 문을 들어서면 각 온돌방에는 문을 열어놓은 채 상품이 얼굴을 내민다. 비가 내리다 말다 하면 안뜰이 질퍽질퍽하여 심한 냄새가 나는 분변, 아궁이에서 장작 타는 냄새, 실로 코를 막지 않고는 견딜 수 없는 광경이다. 다다미(畳) 세 장 크기 정도의 온돌방 하나에 갈보가 혼자 쓴다. 단지 이 방 하나뿐으로 옆방이 있거나 마루가 있거나 한 것도 아니다. 실내에는 화장대부터 이불, 세면기, 변기까지 전부 준비되어 있다. 일체가 이 한 방에서 사용된다는 것은 놀랄 만하다. 손님이 있으면 방문을 닫는다. 그 문은 종이를 바른 장지이기 때문에 장난기 심한 자는 밖에서 구멍을 낸다.

도한(渡韓) 당시는 갈보집이라고 듣고 호기심에서 위세 좋게 구경을 간 사람이 흔히 있었다. 유곽에나 갔었던 기분으로 아무 생각 없이 방에라도 올라

---

25 원문에는 명주옥(銘酒屋)으로 되어 있다. 명주옥이란 명주(銘酒)를 판다고 간판을 내걸고 몰래 사창(私娼)을 데리고 영업하는 가게로, 메이지시대부터 다이쇼(大正)시대에 걸쳐 나타났다.

가는 자라면 새장의 새 꼴. 게타[下駄][26]를 숨기고 소맷자락을 잡아당기며 지팡이를 뺏는다. 게다가 말은 통하지 않고 실내는 불결하고 갈보의 얼굴은 추하니, 진퇴양란에 빠져 50전 은화를 내며 애원하고 겨우 손짓으로 게타를 돌려받아 도망쳐 온다. 거기다가 선물로는 빈대[27]를 받아온다. 정말로 "단단히 좋소"로다.

26 일본 전통 신발의 하나
27 원문은 'ビンデ'(빈대)라고 표기되어 있다.

8. 묘 앞의 통곡

한인의 묘소는 그림과 같이 만두 모양이다. 마을 부근 언덕의 경사면에 층층이 히나단[28]처럼 짓는다. 잔디 언덕 위에 잡목도 없다. 사면이 광활하고 평화로운 장소다. 우리나라 사원의 뒤뜰 묘소라면 오래된 삼나무 숲이라도 어두운 그림자를 드리우고 있어 쓸쓸하지만, 한인의 묘소는 전망이 좋다. 맑은

---

* 해설 중간에 "아이고, 어머니, 어째"라는 한국어를 그대로 가타카나로 받아 적은 것이 눈에 띈다.

28 원문은 '雛段'으로 되어 있는데 원래는 흔히 '雛壇'이라고 쓴다. 3월 3일에 히나마쓰리(雛祭り)가 열리는데, 히나단이란 그때 사용하는 히나(雛)인형의 장식대처럼 계단식으로 된 단을 비유한 것이다.

날은 구석까지 해가 드는 장소이기 때문에 실로 양기(陽氣)가 넘친다. 그러고 보면 한인은, 죽은 자가 유령이 되어 옷자락 없는 백의의 무서운 모습으로 나타난다고는 상상도 하지 않을 것이다.

한인은 매년 죽은 자의 명일 외에도 일 년에 두 번, 우리의 4월 8일이나 봉(お盆)[29]에 해당되는 기일에 각자 묘소를 참배한다. 그때는 주효(酒肴)를 준비하고 선조의 묘에 우선 그것을 공양하고 소리 높여 크게 통곡한다. 최근에 죽은 자에 대해서는 진실로 비탄의 통곡을 하지만 10년, 20년이나 전에 죽은 자의 유족들은 진실로 눈물을 흘리는 것이 아니다. 그들은 효심을 표하는 기술이 뛰어나기 때문에 한 마을의 몇 가족이 모두 같은 언덕 위, 각자의 묘 앞에 모여 서로 경쟁하며 통곡한다. "아이고, 어머니, 어째"[30] 하고 한없이 울어댈 모양으로 서로 소리를 내며 절조를 잘 맞춰 통곡하는 흉내를 낸다. 부인들 네 명이나 다섯 명이 합창하듯 통곡하는 것은 특히 기교가 있어 누구누구는 잘한다, 못한다고 서로 평판한다고 한다. 논매기 노래, 봉(盆) 노래 같은 것일텐데 대단히 재미있는 것이라고 한다. 총개(韓童)[31]들은 묘소에 참배하는 날을 제삿날처럼 여긴다. 통곡하면서 손으로 묘 앞의 풀을 뽑는다고 한다. 이렇게 통곡하는 행사가 끝나면 영령에게 바친 주효를 먹기 때문에 풀밭 언덕에서 사방을 둘러보는 한에서 평화로운 평야. 슬픔을 바꾸어 즐거움으로 만드는 한인의 지혜는, 죽은 자의 영령을 승천하는 것이라고 낙관하는 기독교도에 비해 술이 있고 안주가 있는 점에서 대단히 훌륭하다.

---

29 태음력으로 7월 15일을 중심으로 거행되는 조상을 기리는 일련의 행사. 지금은 대개 태양력 8월 15일에 거행된다.
30 원문에는 "アイゴ, オモニー, エッエン"이라고 표기되어 있으며 이는 "아이고, 어머니, 어째"라는 소리를 그대로 옮겨 적은 것으로 추측된다.
31 '韓童(한동)'이라 표기하고 거기에 'チョンガ(총각)'라고 토를 달았다.

9. 묘 주변의 석상(石像)

보통 한인의 묘소는 사방이 광활한 구릉에 원형의 만두 모양의 무덤을 두 툼히 쌓아올렸을 뿐이다. 석비도 묘표도 없다. 한인은 선조를 기리는 마음이 깊고, 또한 묘소를 소홀히 하면 바로 정령으로부터 재앙을 입는다고 믿고 있기 때문에, 매년 반드시 묘를 손질한다. 집안 사람이 악질이라도 걸리면 선조

의 묘소에 이상이 있지는 않은가 하고 생각한다. 운명이 척박하여 생활이 곤란하게라도 되면 묘지를 발굴하여 선조의 백골을 다른 땅에 이장한다. 바보 같은 습관이다. 이런 상태이기 때문에 자기 집안 묘소를 소홀히 하는 자는 거의 없다. 묘석이나 묘표가 없어도 백수십의 만두 모양 무덤이 한결 같이 쌓아져 있는 구릉 위에 한밤중에 찾아가서도 자기 집안의 묘소를 찾아내는 일이 용이하다는 둥.

하지만 왕족이나 귀족의 묘소에는 그에 상당하는 묘석이 있다. 단지 우리나라와 같이 비문을 새기고 사후 그 사람의 공덕을 기리는 것이 아니라 장방형의 돌을 평탄하게 묘지에 놓고 제삿날에는 그것을 상 대신으로 쓰고 그 위에 공물을 올린다. 묘 주변에는 고려개나 인간의 석상을 세운다. 이 그림에서 보이는 것은 그중 하나로 그것은 돌에 새긴 것이다. 갑옷을 입은 용사의 조각상으로 묘지기를 세워둔 것이다. 묘 안에는 조상의 영이 잠들어 있기 때문에 요괴나 호리맹수(狐狸猛獸) 등이 쳐들어올 것을 걱정하여 무섭게 생긴 경위병을 세워둔다는 의미이다. 다만 그러한 종류의 석상은 그다지 볼 수 없다고 한다. 조선에서는 인간이 죽더라도 신이나 부처가 되지 않는다. 지옥에도 극락에도 가지 않는다. 단지 그 영혼이 묘소 안에 안면하고 있다고 전해져 오고 있다. 그렇기 때문에 묘 주변에도 불상을 세우지 않고 맹견이나 용사의 조각상을 세우는 것이다.

10. 조선 장기

조선에도 바둑이나 장기가 왕성히 행해진다. 바둑은 일본의 방법과 거의 같지만 잡은 돌을 나중에 다시 쓰지 않는다. 잡힌 돌은 죽은 자, 죽은 자는 다시금 적이 사용할 이유가 없다며, 싸울 때 방해가 되는 돌을 죽인다는 주의(主義)라는 둥. 도저히 이치에 맞지 않는 셈법이다. 하지만 죽이는 방법은 일본과

다르지 않다.

그런데 장기는 언뜻 보기에도 전혀 알 수 없다. 지극히 소박한 바둑판 정도의 판에 정방형의 선을 긋고, 장기알은 팔각형의 대단히 조잡하게 세공된 것으로, 왕의 장기알은 지름 4.5센티미터[32] 정도나 된다.

한인들은 이 장기판을 노상에 가져와서 그 긴 곰방대를 물고서 커다란 장기알을 젠체하며 치켜들고는 힘차게 내려놓는 폼이 그럴싸한 기세다. 주위에는 4, 5명의 사람이 묵묵히 조심스럽게 구경하고 있다.

조선 장기는 일본의 것과는 아주 다르다. 16무장(武將)처럼 보이지만, 굳이 말하자면 장기알이 충분하지 않으면서 장기에 가깝다. 한 쪽의 왕은 한(漢), 다른 한 쪽은 초(楚)로 쓰인 장기알, 즉 한과 초의 싸움인 것이다. 한인은 연극에서도 가요에서도 초한지나 삼국지 중의 고사를 인용하는 일을 즐긴다.

장기알의 움직임을 보면, 우선 장기알의 수는 쌍방 16개이고, 차(車), 상(象), 마(馬), 포(包), 사(士)가 두 개씩이고, 그 외에는 왕 1개와 졸 5개가 있어 모두 16개이다. 장기알은 해서(楷書)체로 글자를 새겨 한은 적색, 초는 청색으로 한다. 일본 장기로 치면 차는 향차(香車), 포는 비차(飛車), 마는 각(角), 상은 계마(桂馬), 졸과 사는 부(付)에 해당된다.[33] 마는 왈(日)자 획으로 움직이고 상은 용(用)자 획으로 움직인다. 포는 장기알을 두고 전후좌우로 날고, 차는 일본 장기의 향차처럼 직선으로 움직인다. 사는 왕을 중심으로 하는 4획 안을 1획씩, 어떤 방향

32 원문에는 일촌 오분(一寸五分)으로 되어 있다. 1촌은 1척의 10분의 1로 약 3.03센티미터이고 오분은 그 반이므로 일촌 오분은 약 4.5센티미터의 길이가 된다.
33 일본의 장기는 쌍방이 각각 20개의 장기알을 사용한다. 한쪽에 왕장(王將) 1개, 금장(金將)·은장(銀將)·계마(桂馬)·향차(香車)가 2개씩, 그리고 비차(飛車)·각행(角行)이 1개씩, 보(步)가 9개씩 있다. 원문의 부(付)는 보(步)에 해당한다.

으로도 움직인다. "오테(追手)"³⁴가 있고, "낫타(成った)"³⁵가 있으니 특별한 흥미가 있다.

34 장기의 장군에 해당하는 말.
35 일본 장기에서는 자진(自陣)과 적진이 있다. 자기 장기알이 적진으로 들어갔을 때 승격할 수 있는데, 그때 장기알을 뒤집어 낫타(なった)라고 말한다.

11. 제게 챤다

* 만화 자체에는 제목이 없지만 해설 부분에는 '제게 챤다'라는 제목이 붙어 있다. 원문의 "チェーゲチャンタ(제게 챤다)"라는 제목은 '제기 찬다'라는 한국어 발음을 들리는 대로 옮긴 것으로 보인다. 또한 해설에는 윷놀이와 관련해서도 언급하고 있는데, 그 놀이 방법에 대해서는 설명은 들었지만 이해할 수 없었다고 적고 있다. 이처럼 일본의 놀이나 풍속과 비교하여 설명될 수 없는 것은 생략하거나 설명을 그만두고 있다.

아동의 놀이는 나라마다 특유하다. 총개[韓童]들의 유희 중 볼만한 것은 그다지 없다. 한 가지 재미있는 것은 종이에 무언가를 싸서 매듭지은 것을 총가[韓童] 4인이 마주보고 발로 서로 차며 주고받는 놀이이다. 일본에서 말하자면 오이하코(追羽子)[36]다. 발이 아플 것이라고 생각하지만 조선인은 노인, 아이 모두 여름에도 솜을 넣은 두꺼운 다비(버선-옮긴이)를 신고 거기에 가죽신이라든가 짚신을 신고 있기 때문에 그런 걱정은 없다. 매듭 가운데는 작은 돌이 들어 있을 것이라고 생각했더니 역시 엽전이 들어 있기 때문에 이 놀이를 '제기 찬다'라고 한다.

정식으로는 총개[韓童] 4인이 두 조로 나뉘어 동서남북으로 대립하여 먼저 동에서 서로 차서 보내고, 서에서 남으로 보내고, 남에서 북으로 보내고 북에서 동으로 다시 보낸다. 동에서 또 서로 보내는 순서인 것이다. 그리고 잘못 차거나 잘못 받으면 패하는 것이다. 패한 쪽의 두 사람이 적의 두 사람에게 건 돈을 준다. 정교하지 않은 것이지만 총개[韓童]에게는 유일한 놀이 도박이며 돈을 걸지 않고 단지 진짜 놀이로서만 하는 경우가 많다.

총개[韓童]는 노는 것보다는 바구니를 어깨에 메고 일본인 거리를 돌며 쓰레기통 안에서 종이박스나 빈깡통을 주워 모으고, 쓰레기장에서 나뭇조각을 줍는 일을 일과로 하고 있는 자가 많다. 놀이법 등이 발달할 만한 도구가 없다.

요보에게는 '윷 논다'[37]고 하여 작은 돌멩이를 잔뜩 늘어놓고 "샨(シャン)"[38]

---

36 오이하네(追羽根)라고도 하는데, 두 사람 이상이 공을 판으로 쳐가며 제기처럼 떨어뜨리지 않고 노는 신년 놀이이다.
37 원문은 한국어 발음을 들리는 대로 옮겨 "ユンノンタ(윤논다=윷논다)"라고 되어 있다.
38 윷을 던지며 내는 소리인 듯하나 정확한 의미는 알 수 없다.

하며 박수 치고서는 작은 돌멩이를 주고받는 놀이가 있다. 무엇을 하는지를 설명 들었지만 모르겠다. 그것도 도박으로 그 작은 돌멩이를 계산하여 뒤에 돈을 주고받는 것이라 한다. 한인이 숭상하는 공자가 도박이라도 하는 것이 아무 일도 하지 않는 것보다 낫다고 가르쳤다는 둥 도박에 빠진 인종이다.

12. 돈치기 (錢擲)

* 대개 겨울에 하는 놀이 중 하나이다. 12~13세 안팎의 아이들이 몇 명 모여 담 밑 같은 곳에서 땅바닥에 반달 모양을 그려놓고 그 안에 동전이 들어갈 만한 크기의 구멍을 파놓는다. 제각기 약 5~6m 떨어진 거리에서 구멍을 향하여 한 푼씩 던져 구멍에 들어간 것을 첫째로 하고, 구멍에 가까운 것부터 순서를 정한다. 첫째가 여러 사람의 돈을 모아 한 손에 쥐고 구멍으로 던져 구멍에 들어간 돈만 가지고 나머지 돈 중에서 한 푼을 지정하여 이 돈을 맞히는 아이가 가진다. 돈 대신 까팡이(질그릇의 깨어진 조각)를 동전만하게 만들어서 하기도 한다. 무라야마 지준(村山智順)은 그의 저서 『朝鮮の鄕土娛樂』(조선총독부 편, 1941)에서 이렇게 설명하고 있다. "지상에 소형의 구멍을 만들어 5, 6m 떨어진 곳에서 그 구멍을 향해 놀이 상대방이 내놓은 돈을 던져 그 구멍에 넣은 것 및 구멍 바깥에 어떤 상대방이 지정한 것에 대형의 돈 또는 둥근 돌을 맞혀 적중한 것을 획득한다. 일종의 승부 놀이인 것이다."(위의 책, 1쪽)

조선인은 13, 4세부터 도박을 배운다. 돈치기(錢擲)라는 것은 총개[韓童]가 가장 좋아하는 놀이 도박으로 좁다랗고 평평한 빈터나 골목의 한 편에서 자주 하고 있다. 그 하는 방법은 우리나라에서도 도호쿠(東北) 지방에 가면 같은 놀이가 있다. 단지 도호쿠 지방에서는 호두가 많이 재배되기 때문에 아동들이 호두열매를 가지고 놀이를 한다. "맞혔다(当てっこ)"라고 부르고 우선 평평한 마당에 나뭇가지를 가지고 횡으로 선을 한 줄 긋는다. 그 선과 한 간 반 정도 떨어진 곳에 한 줄을 더 긋는다. 이 선 근처에 아주 커다란 구멍을 판다. 처음 선에서 5명이나 6명이 이 구멍을 향해 호두열매를 굴린다. 구멍에 잘 집어넣은 사람은 1등, 구멍에서 벗어난 사람은 그 거리에 따라서 2등, 3등을 정한다. 그리고서는 1등이 된 사람은 5인분의 호두열매를 주워서 최초의 선에서 한 간 반 떨어진 선의 밖으로 가능한 뭉쳐 있게 뿌린다. 그리고 호두알이나 칼의 날 밑을 던져 맞힌다. 두 개 맞히면 두 개 갖는다. 2등은 그 나머지를 맞힌다. 3등은 또 그 나머지를 맞힌다. 맞히지 못하면 하나도 가질 수 없는 놀이 방법이다.

총개[韓童]의 돈치기도 그것과 비슷한 것이다. 단지 한 사람마다 새로 뿌려서 맞추는 점이 다르다. 우리나라 아동들은 무엇인가를 걸고 하더라도 돈을 걸지는 않지만 총개[韓童]는 10살 정도부터 노동을 하고 스스로 먹을 만큼의 돈을 벌기 때문에 일찍부터 돈맛을 알아 어떤 놀이라도 바로 금전을 건다. 어려서부터 돈 계산에 몰두하기 때문에 결국 필생 기대하는 것은 주머니에 돈을 가득 채우는 것으로, 그들의 머리에는 돈계산 이외에 그 어떤 것도 없다. 우리나라에서도 아동에게 저금을 장려하는데, 위와 같은 그들의 짓은 바보스러운 일이다. 인간을 병들게 할 뿐이다.

13. 신선로

조선요리 중 제일의 명물로서 방인(邦人)의 입에 맞는 것은 신선로이다. 그림과 같이 중앙에 원형의 동호(銅壺)가 달린 냄비이다. 우리나라의 니모노(煮

物)³⁹냄비는 모두 바닥으로부터 화기를 주지만, 이 신선로는 중앙의 동호에 숯불을 넣는다. 동호의 바닥은 그물 모양으로 되어 있기 때문에 불이 잘 핀다. 동호의 주위가 냄비로 되어 있어 고기, 야채, 버섯, 밤, 솔방울 등을 넣어둔 일종의 요세나베(寄せ鍋)이다.

조선요리는 냄새나고 불결하다며 먹지 않고 싫다며 눈살을 찌푸리는 이들이라도 이 신선로만은 젓가락을 댄다. 조선요리 먹기는 우선 신선로부터 시작하는 것이 좋다. 단지 바닥부터 화기가 올라오는 것이 아니기 때문에 스키야키(すき焼き)처럼은 할 수 없다. 육수를 많이 넣어 끓인다. 화기가 중앙에서 올라오기 때문에 니모노는 부드러워져서 각별히 맛있다고 한다. 실제로 맛있다. 여기에는 이유가 있다. 냄비가 잘 만들어졌기 때문만이 아니다. 들어가는 육수가 맛있는 것이다. 이 육수는 어떤 것으로 만들었는가 하면 소의 머리를 푹 삶아낸 것이다. 거기다 솔방울이나 밤이 들어가기 때문에 더욱 맛있다.

4, 5인이 모여서 요세나베의 신선로를 마주한다. 마지막에 육수만 남으면 다음은 조선명물 중에서 뒤의 페이지에 소개할 우동을 삶아 먹는다. 진정한 신선로의 묘미는 뒤에 이 우동을 삶아 먹는 데 있다. 아무튼 화로와 냄비를 합체시켜 만든 것이 신선로의 특색, 토산품으로 내지(內地)에 가지고 가기를 유혹한다.

신선로는 먹고 나면 신선과 같이 오래 산다는 의미라는 둥. 냄비의 제작은 치졸하다. 우리나라에 수입하여 정교하게 개조하면 재미있겠다.

39 끓인 음식.

14. 엿장수(飴賣)

* 엿장수는 당시 일본인에게는 낯설고 흥미로운 조선 풍물 중 하나였던 듯하다. 혼마 규슈케(本間九介)의 『조선잡기』(1895, 최혜주 역주, 김영사, 2008)에도 엿장수 삽화가 있다. 하지만 두 그림엔 큰 차이가 있는데 『조선잡기』의 엿장수는 풍자적인 표정은 지녔지만 『조선만화』의 그림처럼 불결, 풍자 등의 서사를 담고 있지 못하다. 이 만화에서는 엿장수의 모습 중에 삿갓과 엿가위, 그리고 엿상자의 주변으로 우글대는 파리가 과장되어 있다. 물론 해설에서도 그 각각을 "큰 삿갓"이니 "사람의 머리도 자를 수 있을 듯한" 그리고 파리가 날아들어 "엿이 콩떡처럼 보인다"는 식의 과장된 표현으로 만화 속의 풍자를 읽어내고 있다. 거기에다 "엿 사세요" 하는 목소리나 "자카자카" 하는 가위 소리도 담고 있다. 그리고 흰 엿과 검은 엿의 다른 맛도 표현한다. 또한 한 상자를 다 팔면 매상이 얼마인지 운운하는 "달콤한 이야기"가 있지만 엿장수 중 누구도 부자가 되었다는 이야기는 듣지 못했다며 조선인 경제관념의 비합리성도 비판하고 있다.

커다란 갓을 쓰고 상자를 앞에 매달고 인간의 머리도 자를 수 있을 듯한 가위를 자카자카, "엿당(飴), 세이, 엿 사려"[40] 하며 어슬렁어슬렁 대로변을 지난다. 무사태평한 조선에서 한층 느긋한 장사다. 상자 안에는 검정색과 흰색 두 가지 색깔의 엿이 들어 있다. 흰 것은 보통 엿, 검은 것은 대추가 들어 있는 엿이다. 한 상자에 두 관 정도가 들어 있다. 하루 종일 걸으면 모두 팔린다. 벌이는 한 관을 1원에 사들여서 1원 50전에 팔기 때문에 두 관을 팔면 1원의 순이익이라니 한 끼 식사에 5전 하는 한인 생활에서는 사탕같이 달콤한 이야기다. 단지 엿장사가 신축 온돌을 지었다는 이야기는 듣지 못했다.

"엿당, 세이" 하는 장사소리는 여름 오후에는 최면술의 효능이 있다. 자카자카 하는 커다란 가위 소리를 말하자면 아주 크게 들리지만 끝이 각이 져서 넓적한 창끝과 같다. 붕붕거리며 모여드는 파리 때문에 엿이 콩떡처럼 보인다. 대로변에서 총각이나 지게꾼들이 5리(厘) 1전에 산다. 엿장수는 커다란 가위로 삭둑 잘라 건넨다. 밀가루가 바람에 날린다. 먼지가 어김없이 달라붙는다. 일본에서도 옛날엔 음식물 상자에 뚜껑을 덮는 등의 문명적인 생각은 없었고 흑사탕을 가장 단 것으로 여겼다.

"엿당, 세이, 엿 사려" 하며 무사태평한 하루가 질 때는 엿상자는 텅텅 비고 무거워진 주머니가 넓적다리 부분에서 흔들거린다. 남은 것은 밀가루뿐. 다음 날은 또다시 남대문 교외나 종로 도매상 거리로부터 부드럽고 뜨거운 것을 떼어 온다. 간판격인 큰 가위는 손때 묻은 자리에서 햇볕을 반사한다.

---

40 원문은 엿장사의 소리를 들리는 대로 옮겨 "ヨダン, セイ, ヨツサリョウ(엿당, 세이, 엿 사려)"라고 표기되어 있다. 특히 '엿당(ヨダン)'에는 '飴'의 의미임을 토로 달아 설명하고 있다. 한편 '세이(セイ)'에는 '요시카(よしか)'라고 토를 달았으나 의미는 불분명하다. 혹시 "엿당 있세이"에서 '세이'만이 들린 것이 아닌가 하고 추측된다.

15. 점두(店頭)의 우두골(牛頭骨)

이 그림은 우리나라의 닷 푼쯤 하는 싼 밥[41]을 파는 나와노렌(繩暖簾)[42]식이

---

41 본문에는 '오리반(五厘飯)'이라고 되어 있다. 흔히 싼 값의 밥을 의미한다. 여기서 리(厘)는 일본의 화폐 단위 중 하나로 엔(円)의 100분의 1인 센(錢)의 10분의 1에 해당한다. 즉 엔의 1000분의 1이다.

42 본문에는 '繩紺簾'이라고 되어 있으나, 보통 '繩暖簾'라고 표기하고 나와노렌이라고 읽으며

나 도부로쿠야(どぶろく屋)[43]식으로 노동자를 대상으로 하는 조선 밥집의 점포 광경이다.

우도(牛刀)를 쳐든 채 벼르고 있는 요보의 꼴은 웃음이 절로 난다. 형언할 수 없는 육수 냄새가 코를 엄습하고, 눈을 뜨면 주위의 한인 점포에는 커다란 선반 위에 생소머리가 올라 있다. 육수를 우려내고 건져낸 소머리뼈가 장식품으로 쓰이고 있다. 피가 줄줄 흐르고 파리가 붕붕 날아드니 오히려 통쾌한 광경, 한인 밥집의 간판으로서는 기발한 것이다.

조선인은 작은 밥그릇에 여러 번 밥을 퍼서 먹는 일이 없다. 일본 밥그릇의 세 배 크기의 그릇에 가득 눌러 담는다. 장어덮밥 정도의 모양이 나오도록 잘 쌓아 담은 뒤 내놓는다. 젓가락은 사용하지 않고 숟가락으로 먹는다. 밥집의 국밥은 소고기와 야채가 들어 있는 국물을 부은 것이다. 그런데 이 국물은 커다란 솥에 소머리, 가죽, 뼈, 우족(牛足)까지 집어넣어 오랫동안 삶은 것을 따로 준비한 냄비에 육수만 떠서 간장으로 간을 내어 고춧가루를 잔뜩 집어넣은 것이다.

의사의 의견에 따르면, 이 소머리 육수는 진짜 좋은 것이며 닭고기 육수나 우유는 비할 바가 아니라 한다. 커다란 솥은 연중 불 위에 놓여 있고, 바닥을 비워서 씻는 일은 없다. 매일 새 뼈를 넣고 물을 새로 부어 끓인다. 이 육수, 즉 수프는 꽤 잘 우려낸 것으로 매일 끓이기 때문에 여름에 결코 부패하지 않는다. 이것을 정제하면 아마도 세계에서 비견할 수 없는 자양제가 될 것이라 한다. 향후 소머리 수프는 병에 넣어 한국 특유의 수출품으로서 상용될 것이다.

선술집을 뜻한다.
43　'도부로쿠(どぶろく)'란 밥에 지게미 등에 남은 효모 등을 첨가하여 만든 술을 일컫는다. 막걸리와 비슷한데 흔히 니고리자케(濁り酒)라고도 한다.

16. 한인의 떡방아

널빤지 위에 떡을 찧는 것은 전쟁 만화에나 있을 법한 그림이다. 절구는 십 전 내지 이십 전으로 살 수 없는 고가의 물건이다. 널빤지라고 장애가 되는 것

---

* 이 만화의 해설에는 "전쟁 만화에나 있을 법한 그림"이라는 평이 달려 있는데, 조선인의 기묘한 표정이 눈에 띈다. 하지만 해설에서는 불결과 문명의 저급함을 주로 기술하고 있다.

은 없다. 틀이 갖춰지지 않았거나 상태가 좋지 않아도 개의치 않는 점은 요보의 본색이다. 서로 마주보고 두 사람이 찧는다. 깊은 의미가 있는 듯하지만 혼자서도 충분한 것을 둘이서 한다. 한 사람은 그 사이에 천천히 장단을 맞춘다. 크게 힘들이지 않는 일을 생각해내는 정도의 현명함은 있다.

한인 생활은 널빤지에 떡방아 찧듯 간단하다. 널빤지가 이리저리 움직여서 곰보떡이 만들어질 것이라 하지만 한인은 모두 곰보이기 때문에 떡의 곰보는 아무렇지 않게 생각한다. 게다가 한인의 떡은 쌀을 찜통에 불려서 찧은 것이 아니다. 일단 쌀을 가루로 빻아 둥글게 빚어서 찜통에 불린 뒤 그것을 찧는다. 이른바 쓰키카에시모치(つき返し餅)[44]라고 하는 놈이다. 그렇기 때문에 결코 표면이 곰보처럼 되지 않는다.

이 떡은 새하얀 색으로 아주 상품(上品)인 듯 보인다. 조선의 우동집에서는 실우동과 함께 이 떡을 판다. 우리나라의 곤약(蒟蒻) 정도의 크기이다. 한인 중 양반들은 이것을 꿀에 찍어 먹는다. 요보나 총가들은 그대로 아작아작 먹는다. 구우면 부드럽고 구수해져 맛있다고 한다. 하지만 구질구질한 땅바닥에 판때기를 깔고 방아 찧었다는 말을 듣고 나니 진절머리가 난다. 조선의 문명은 판때기 위에서 떡을 찧는 정도다.

조선의 한기(寒氣)는 시미모찌(凍餅)[45]를 제조하기에는 적절하지만 조선인은 그 제작법을 모르는 듯 보인다.

---

44 일본에서도 한 사람이 찧고 그 곁에서 다른 한 사람이 그것을 뒤집는 방식으로 떡을 찧는데, 그러한 방식으로 만든 떡을 의미한다.
45 추운 겨울 바깥에서 얼린 떡. 신슈(信州)나 도호쿠(東北) 지방에서 만들어 먹는다. 시미모찌, 고오리노모찌 등으로 부른다.

17. 우동집

* 만화의 제목은 '우동 제조'인데 우스다의 해설에서는 '우동집'으로 제목을 붙였다. 여기서는 일본 음식인 우동으로 국수를 설명하고 있는데, 그 차이에 대해서는 기술하지 않았다. 특히 만화에서는 조선인의 여유작작한 모습과 태만을 그리려고 했던 것으로 보이는데, 해설에서는 그보다 '불결'에 주목해 기술하고 있다.

조선의 음식점에는 어디를 가도 우동이 없는 집이 없다. 상당히 우동을 좋아하는 국민으로 보인다.

요보의 우동이면 요보의 작업 바지와 같이 흙색일 것이라고 생각했다가는 큰 착각이다. 그것은 눈처럼 희다. 일본의 소면이나 간(干)우동[46]보다도 훨씬 희다.

어떤 음식점이라도 가게의 한쪽에는 우동제조장이 있고, 밖에서 들여다볼 수가 있다. 단지 온돌집이라 제조기계를 둔 곳은 낮에도 깜깜하다. 가장 밑의 큰 솥이 펄펄 끓고 있다. 커다란 장작이 활활 타오르면서 연기가 검게 피어오른다. 솥 위에는 커다랗고 두꺼운 도마와 같은 것이 있고, 솥 위에 직경 15~18센티미터[47]의 원형 구멍이 뚫려 있다. 이 구멍에 우동 반죽을 넣는다. 위에서부터 절구로 찍어 누른다. 밑은 철망으로 되어 있어 우동은 끓고 있는 솥으로 실과 같이 줄줄 떨어진다. 하얗게 거품이 나며 끓는다. 이것을 건져 올려 물에 담근다. 이렇게 해서 순백의 상품(上品) 우동이 만들어진다. 이렇게 말하면 깨끗할 것 같지만 이 절구로 찍어 누를 때는 그림처럼 지레에 등을 대고 그을음이 가득한 천장으로 다리를 쭉 뻗는다. 지레가 내려와 발이 천정에 닿지 않게 되면, 기둥에 차례로 박혀 있는 횡목(橫木)에 순서대로 뻗어서 누른다. 때로는 밑에서 한 명이 지렛대 끝에 대롱대롱 매달린다. 잘도 고안했지만, 천정에서 시꺼먼 것이 뚝뚝 솥으로 떨어진다. 게다가 더러운 복장의 요보 몸에서 흙이랑 때까지 떨어진다. 완성된 우동이 새하얄 뿐 제조법은 신경 쓰인다.

---

46 건조하여 보존할 수 있도록 한 우동.
47 원문은 '5, 6촌(寸)'으로 표기되어 있다.

18. 군밤

* 해학적인 표정이 돋보이는 만화이다. 해설에서 "이 그림에 나타난 노파의 인상은 험악하다"고 하지만, 오히려 해설에서 그 나쁜 인상을 강조했던 것은 "언어불통"으로 말미암아 식민자들과 피식민자 사이에 일어난 갈등을 묘사하기 위함인 듯하다. 그런데 만화를 보고 해설을 읽으면 식민자들에게 거침없이 대드는 기가 센 조선 아낙네들의 건강성마저 연상시킨다. 해설에서는 그런 조선 아낙네들의 건강성이 그녀들에 비해 턱없이 무능한 조선 남자들을 조롱하기 위해 이용되고 있다.

조선의 산물은 오곡을 제외하면 예의 참외와 밤이다. 밤은 많이 나며 특히 평양산 밤은 소율(小栗)로 단맛이 많다고 한다. 우리나라에서도 도호쿠(東北) 지방의 한지(寒地)에서 생산되는, 흔히 산밤이라고 부르는 소율이 단맛이 많고, 도쿄의 대율(大栗)은 단맛이 적다.

밤은 참외에 비하면 값을 비싸게 매겨서 한인 노동자들도 즐겨 먹기가 어렵다. 또 그들은 값을 비싸게 매기기 위해 밤을 구워서 판다. 각자 가게 앞이나 길가에 화로를 꺼내 놓고 구워가면서 판다. 밤을 굽는 것은 수고스러운 일이다. 하지만 한인 중에도 지혜로운 자가 있어서 일본에서 수입한 철망으로 된 쥐덫을 이용한다.

이와 비슷한 발상은 빈 석유 깡통을 수통으로 대용하는 것으로, 경성 거류민에게는 흔한 일이지만 본국의 일반민에게도 이 이용법을 추천하고 싶다. 나무로 된 통보다 훨씬 값이 싸고 또 청결하여 기분이 좋다.

이 그림에 나타난 노파의 인상은 험악하다. 군밤과 같은 얼굴을 하고 있다. 이상하게도 군밤 가게의 한인 부인들은 사나운 사람이 많다. 각자 아들에게 노방(路傍)에 가게를 열도록 하고 이따금 감독을 하러 간다. 일본인 손님이 좀 깎아달라며 실랑이라도 하고 있는 것을 보기라도 하면, 언어불통으로 인한 엉뚱한 오해를 하고, 군밤처럼 새까맣게 탄 얼굴로 마구 덤벼든다. 예로부터 조선인은 남자는 무르고 아낙네들은 기가 세다. 일가의 생계도 아낙네가 꾸려나가는, 아낙네들 천하의 나라다. 한인은 마누라가 도망치면 다 큰 남자가 "아이고 아이고" 하며 대성통곡한다. 정숙하지 못한 마누라가 그렇게 좋으냐 하고 물으면, 마누라가 없으면 밥을 해주는 사람이 없어서라고 대답한다.

19. 떡장사

조선에는 초밥, 오뎅을 서서 먹는 경우가 없다. 사실 초밥도 오뎅도 알지 못한다. 한인의 손으로 만든 생선초밥 따위는 질색이며, 소의 머리가 여기저기 박힌 오뎅 따위 없어서 다행이다. 단팥을 넣은 모찌도 없지만, 소(餡)를 넣

은 떡은 있다. 가시와모찌(柏餠)[48]나 사쿠라모찌(櫻餠)[49]를 만들 때 쓰는 찜통으로 쪄낸 것이 아니라 냄비에 삶은 것이다. 이것을 한인 여인이 나무로 만든 넓적하고 큰 사발에 담아서 마을의 거리마다 판다. 찌는 듯한 8월, 모래먼지가 소용돌이치는 거류지 혼마치(本町) 거리에 나와, 땅바닥에 사발을 놓고 자기도 땅바닥에 느긋하게 주저앉아 있다. 수레와 말, 사람의 왕래가 마치 뒤엉킨 것처럼 한 차례 지나가면, 버선발[50]이 잿빛이 될 정도의 먼지를 이 떡이 뒤집어 쓴다. 천으로 덮지도 않고, 파리가 윙윙 모여들어도 쫓아내지도 않는다. 요보[韓人]나 총개[韓童]가 줄줄이 이 사발을 에워싸고 주머니를 열어 아깝다는 듯 1전을 주고는 사발에 손을 넣어 한 개를 꺼내 먹는다. 정신없이 그것을 삼킨다. 이러고는 서로 큰소리로 떠들어댄다. 사발 안으로 침이 난사(亂射)된다. 한 개 먹고 나면 어떻게든 한 개 더 먹고 싶다는 듯한 모습으로 긴 담뱃대를 빨면서 다른 사람이 먹고 있는 입을 뚫어지게 본다. 손가락을 빼는 대신 장죽을 무는 것이 과연 어른의 수법이다. 모두들 쥐꼬리 같은 수염이 있으니까 입을 움직이면 이 수염이 꿈틀꿈틀 움직인다. 염소수염의 영감이 짓토쿠(十德)[51]라도 입고서 큰 길에 쪼그려 앉아 입을 우물우물하면서 떡을 삼키며, 목구멍으로 꿀꺽꿀꺽 넘기는 듯한 그림은 재미있다. (일본의-옮긴이) 젊은 차부(車夫)가 비지땀을 훔치며 능숙한 손놀림으로 초밥을 서서 먹는 것을 보면 기분도 상쾌하다. 하지만 요보가 장죽을 한 손에 들고 하나 먹을 때마다 돈을 먼저 내고 작심한 듯한 태도로 쑥떡을 먹는 궁상스러운 광경은 초라해 보인다.

---

48 팥소를 넣은 떡을 떡갈나무 잎에 싼 것으로 일본에서는 단오 때 먹는다.
49 벚나무 잎으로 싼 떡.
50 원문에는 '다비(足袋)'로 되어 있다. 다비란 버선과 유사한 것이며 일본 전통의상을 입을 때 신는다.
51 일본 하위무사가 입던 의복의 하나.

20. 조선가옥의 부엌

* 원래 만화에서 의도한 바는 여인의 상체만한 '커다란 손'과 '큰 그릇에 가득 담긴 밥'이라는 과장을 통한 풍자인 듯하다. 하지만 우스다의 해설에서는 "이 그림은 일본풍의 당당한 부엌으로 그려져 있으나 그것은 알기 쉽게 그린 것으로, 실은 조선집의 부엌에 이런 훌륭한 것은 없다"고 하고, '침' '코푼 손' '파리' '악취' 등의 단어를 나열해 '불결'한 조선을 표상하는 데 치중하고 있다. 〈42. 참외〉의 만화를 보면, 광주리 가득 담긴 참외 앞에서 그것을 먹는 조선인의 그림이 나온다. 우스다는 해설에서 표현하기를 "20개나 먹는다는데 놀랄만한 폭식이다"느니, "지독하게 식욕이 과해 궁하게 먹는다"느니 하며 과식, 폭식을 언급한다. "남양에서는 바나나를 주식으로 삼고 야자나무 열매즙을 마셔서 토인이 충분히 살아간다는데, 한인도 여름에는 참외로 살아가는 것이다"라며 남양의 '토인'에 비유하여 조선인의 폭식과 불결의 식문화를 야만시하는 결론으로 끝맺는다.

이 그림은 일본풍의 당당한 주방으로 되어 있지만, 이는 이해하기 쉽게 그린 것으로 실은 조선가옥의 부엌 중에 이처럼 멋진 것은 없다. 마루방으로 되어 있는 것조차 드물며, 기분 좋게 정리되어 있지 않다. 이 그림에 나타난 의미는, 조선인은 부엌에서 요리를 하고 음식을 삶거나 구울 때 얼마나 불결한 짓을 하는가를 표현한 것이다. 솥에 손을 넣어 밥공기에 밥을 담고 있는 그림으로, 원래 수다스러운 부인이 뭔가를 재잘거리며 침을 튀기면서 손으로 집어 밥을 담는다는 것은, 그다지 구수한 이야기는 못 된다.

조선가옥을 엿보면, 먼저 눈에 띄는 것은 마당에 커다란 항아리가 많이 늘어서 있다는 점으로, 이는 쓰케모노(漬物)[52]나 된장이라고 한다. 이 항아리가 많고 적음은 그들의 신분의 높낮이를 나타낸 것인데, 그것이 그들 집의 자랑인 것이다. 부엌에는 우리나라 사람들의 부엌처럼 쓰케모노를 담는 통이나 된장을 담는 통 등이 많이 놓여 있지 않다. 그들의 부엌은 큰 봉당으로, 곁에는 온돌의 아궁이가 있고 변기가 굴러다닌다. 질그릇으로 된 대접에 뭔가 이상한 냄새를 풍기는 국물이 들어 있다. 귀퉁이에는 아이들이 싸놓은 대변이 있고, 장작이나 솔잎이 흩어져 있다. 천정은 그을어서 검댕이 대롱대롱 매달려 있고, 게다가 어두워지기라도 하면 그 추레함의 정도라는 것은 군자가 주방을 멀리하지 않을 수 없는 사태인 것이다. 시골이라면 모르지만 경성 시내에서 그러하다니 지독하다. 머리에는 불량한 머릿기름을 잔뜩 바르고 이따금 그것을 손으로 만지작거리거나 혹은 손으로 코를 푼다. 그 손으로 가마에서 밥을 꺼낸다. 여름이면 파리가 들끓는다. 게다가 악취를 풍기는 부엌이 한인의 집에 있으니 욱 하고 메슥거릴 정도로 심각하다. 어느 부엌에든지 박을 갈아서 말린 바가지가 한두 개씩 있는 점은 묘하다.

---

52 쓰케모노(漬物)는 흔히 소금에 절인 음식을 말하는데, 한국 음식으로 치자면 김치와 같은 반찬이다.

21. 옛날의 큰 배

 이것은 오래된 화첩에서 본 조선의 옛 배이다. 틀림없이 조선의 독창적인 것은 아닐 터이다. 지나(支那)에서 수입했든지 지나의 것을 보고 흉내 내어 만들었음에 틀림없다. 조선의 고관대작들이 이러한 배에 타고 연안을 항해했을 것이다.
 오늘날의 진보한 기선이나 군함에 비하면 실용상으로는 서푼의 가치도 없다. 그러나 이 배를 보면 옛 시나 노래를 읽는 듯한 기분이 든다. 실용이라는 것을 잊고 일시 황홀한 마음이 된다. 바다의 위험이라는 것을 잊고 어린이의

장난감을 만지는 맛이 느껴진다. 과연 이러한 배에 타고 풍파 험한 해상을 항해했을까 하는 의구심보다는, 오히려 나도 이런 배에 타보고 싶다는 생각이 든다. 뱃전은 마키에누리(蒔繪塗り)[53]로 꾸미고 화려한 주칠(朱塗り)로 난간을 장식하였으며, 흰 명주의 돛이 둥글게 바람을 품고 있다. 또 사당 구조 안에 좌석을 만들고 금실로 수놓은 비단의 장막을 쳐 놓았다. 후방에는 전망을 위한 높은 누각을 세우고 붉은 테두리로 수놓은 방기(方旗)와 반원기(半圓旗) 여러 개를 강바람에 나부끼게 하면서 다다미처럼 고요한 강을 따라 유유히 흘러가는 것이란 어떤 기분일까. 흐르고 흘러서 결국 천상의 강이라도 가는 것일까. 유감스럽지만, 지금의 기선은 몰풍류하고 무취미하다. 목욕을 하고 식당에 들어가 따뜻한 밥을 먹고, 선실에서 푹 잠들기에 적절하다. 항해의 위험도 적다. 하지만 이것을 회화로서, 또는 시가(詩歌)로서 볼 때는 이 옛날의 조선배는 지상의 것이 아니라 천상의 것이다. 지금도 이러한 배가 천상의 강에 떠 있는 듯이 생각된다. 작은 증기선이라도 만들어서 그러한 전당(殿堂) 구조의 유람선을 일벽만경(一碧萬頃)의 강 위에 띄워보고 싶다.

[53] 도기의 표면에 옻칠을 해서 문양을 그리고, 금과 은 등의 금속분이나 색분(色粉)을 뿌려 색깔을 입히는 일본의 독자적인 칠공예.

22. 옛날의 조선 관리[役人]

지금의 조선 관리 중 하이칼라 부류는 모두 양복 차림이다. 각 관청에서는 예의 말 꼬리로 짠 갓을 조선의 예식에 따라 실내에서 쓰고 있으면 갓과 갓이 부딪히고 방해가 되므로 앞으로는 일절 중절모나 중산모로 바꾸기로 했다고 한다.

그러나 옛날의 조선 관리는 이 그림에 나타난 것처럼 의관 속대(衣冠束帶)였다. 생각건대 이런 복장은 지나(支那=중국)를 흉내낸 것일 터이다. 보면 이 중에는 지금의 두루마기(周衣)⁵⁴ 같은 것이 하나도 없다. 문관(文官)과 상판사(上判事)의 의복은 옷깃이 좌우 모아져 있는 것이 두루마기와 비슷한 데가 있지만, 가슴 언저리를 끈으로 묶지 않고 허리띠를 매는 형태로 되어 있다. 또한 깃에만 색이 다른 별종의 물건을 사용하고 있다. 사자관(寫字官), 무관(武官), 사령군관 등은 순전한 지나 복식이며 소매는 소맷자락 없는 통소매⁵⁵가 아니라 넓은 소맷자락⁵⁶으로 되어 있다.

다음으로 관(冠)을 검사해 보면, 문관과 사자관의 것은 오늘날 양반들이 갓 속에 덮어쓰는 탕건에 지붕을 걸친 모양이다. 오늘날의 갓과 비슷한 것은 무관과 급창(及唱)⁵⁷의 관인데, 당시 무관이 관에 깃털을 꽂은 것은 오늘날 우리나라의 군인 등이 예모(禮帽)에 흰 털을 꽂은 것과 같은 솜씨이다. 단 중국식 부채[唐團扇]를 든 모습은 공명군사(孔明軍師)인 체하는 것 같다. 오늘날에도 조선 왕의 의식행렬에는 삼국지의 그림에서 보는 현덕(玄德) 그대로인 것이 있다. 또 이 그림에 있는 사령과 똑같은 것도 있다. 하지만 지금은 이 사령의 모습은 마부로 되어 있다. 말총에 풀을 먹인 듯한 모자를 쓰고 대신의 수레를 뒤에서 밀며 가는 것도 이러한 모습이다. 사령군관이 짊어진 활은 반궁(半弓)⁵⁸이다.

---

54 원문에는 '두루마기'라는 한국어의 발음을 옮겨 '쓰루마키(つるまき)'라 부기되어 있다.
55 원문은 '쓰쓰소데(筒袖)'로 되어 있으며 이는 일본옷에서 소맷자락이 없는 통 모양의 소매나 그러한 형태의 옷을 가리킨다.
56 원문은 '다모토(袂)'로 되어 있으며 이는 일본옷의 소맷자락을 가리킨다.
57 군아(郡衙)에서 부리는 사내 종
58 앉아서 쏠 수 있는 작은 활

정교한 것으로 300미터[59]나 화살이 날아간다고 한다. 이 군관의 복장은 고대의 지나풍 그대로이다. 관만은 지나풍이 아니고 지금의 갓은 이 무관의 관에서 변한 듯하다.

---

59 원문은 '200間'으로 되어 있다.

23. 옛날의 한선(韓船)

이 배도 지나식이다. 일본의 야카타부네(屋形船)⁶⁰ 와는 크게 다르다. 일본의 것은 개방형, 이 배는 은둔주의이다. 안은 훌륭하지도 않지만 외견은 당당하다. 이것이 진정한 동양주의로, 일본은 소위 동양주의가 아니어서, 절해고도(絶海孤島)에 있는 일본인만은 섬나라다운 소세공(小細工)⁶¹ 국민으로 발달한 것

---

60   지붕이 있는 놀잇배. 집배
61   (손끝으로 하는) 자질구레한 세공

이다. 일본은 세계의 보물창고이다. 풍경에 있어서도 이태리나 스위스에 비해 크게 떨어지는 곳이 없다. 진기한 건축, 미술공예 등에서도 틀림없이 세계에 으뜸가는 것이다. 다만 섬나라이기 때문에 넓은 곳이 없고, 깊은 곳이 없고, 사상계에서 세계적 위인이 없고, 기껏해야 무사도(武士道)이다. 무사도는 봉건시대 특유의 산물로, 이후에 세계 각국으로 하여금 힘써 모방하고 숭배하도록 할 만한 대도(大道)는 아니다.

  조선은 반도국이다. 지나를 종주국으로 삼았었는데, 전혀 독립하여 발달한 나라가 아니라 항상 지나로부터 압박받고 지나를 숭배하여 받들었던 일종의 속국이었다. 이 배를 보면 태평하고 유장(悠長)하다. 남녀가 나란히 높은 창에 예의바르게 얼굴을 내놓고 있는 모습이 재미있다. 일본의 야카타부네라면, 게이샤의 무릎을 베개삼아 장지를 반쯤 열어놓은 모습이 될 터이지만, 입구에는 휘장을 치고, 사방을 에워싼 용심견고(用心堅固)한 방을 만든 점은 조선의 취미이다. 다른 항목에 나와 있는 큰 배(大船)[62]의 그림과 대조해 보면 그것은 대명국(大明國)으로 가는 사절이 탄 배로도 보이나, 이것은 양반이 기생과 은밀히 즐기는 배로 보인다. 자세한 내용은 모르지만 진지한 풍취가 있다. 그래서 다소 골계의 감정이 뒤따른다.

---

62 〈21. 옛날의 큰 배〉의 만화를 참조할 것.

24. 옛날 악기

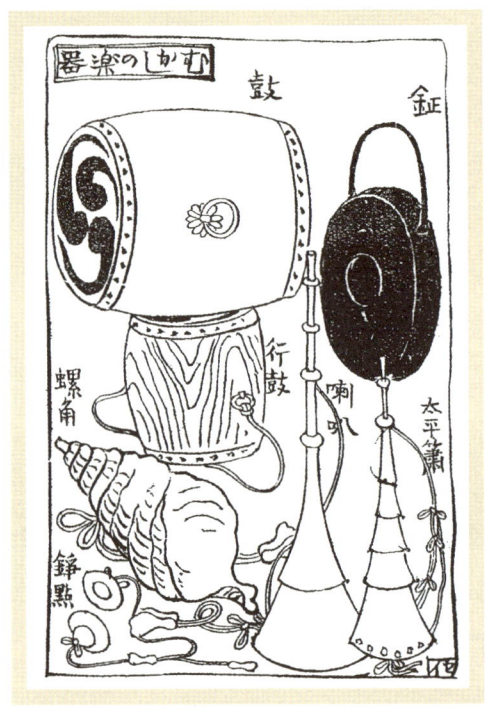

옛날의 조선 악기도 이것(그림-옮긴이)과 같이 여섯 종에 한정된 것일 리 없겠지만, 이것은 옛 책에서 산견(散見)한 것이다.

오늘날 기생 춤의 반주에서 사용하는 악기를 보면, 이 중 나각(螺角)[63] 즉 법라(法螺)의 고동은 쓰이지 않지만, 나머지는 대개 쓰이고 있다. 무대를 설치한 곳에서는 행고(行鼓)[64]는 쓰이지 않지만 북, 징, 동라(銅鑼)[65] 등은 반드시 쓰인다. 태평소, 나팔 같은 것도 쓰이는데 오늘날 우리는 호적(胡笛) 또는 호가(胡笳)[66]로 본다. 예의 떠들썩한 소리는 이 태평소와 비슷하다. 이밖에 오늘날 사용되고 있는 것으로는 명적(明笛)[67]이 있고 호궁(胡弓)[68]이 있는데 일종의 애조를 띤 유장한 합주가 된다. 북을 치는 사람은 편의상 동라도 겸할 때가 있다. 징은 왼손에 걸고 오른손에 채를 들고 치는 것인데, 힘을 세게 주어 치면 내리쩍히는 듯한 음향을 낸다. 경기할 때 시작을 알리는 일 따위에는 반드시 이 징을 친다. 서양에서 방울을 흔드는 것과 같은 방식이다.

조선에서는 지나로부터 만사를 수입하므로 호궁, 명적, 호금(胡琴) 등의 합주로 이루어진 명청악(明淸樂)을 듣는 것과 같다고 생각했는데, 조선 음악은 또 약간 달라서 명청악보다는 훨씬 수준이 떨어진 천열(賤劣)한 가락이다. 형상을 갖춘 문학예술은 모방이 자유롭지만, 음악은 형태가 없기 때문에 각 국민은 각자 특유의 것을 독창적으로 만드는 것이라고 생각한다. 이가(俚歌)나 속요(俗謠)와 마찬가지로 거짓으로 꾸민 바 없는 자가(自家)의 본심을 드러내는 것이리라.

---

63 소라의 껍데기로 만든 옛 군악기.
64 행군할 때 치던 북.
65 원문에는 '鉦點'라 되어 있으며 청동으로 만든 자반 모양의 악기로 동라(銅鑼)를 가리킨다.
66 날라리 또는 풀잎피리, 또는 태평소.
67 중국 명나라 때 만들어 쓰던 피리. 길이 70cm 정도의 대나무로 만든 횡적으로, 구멍이 모두 8개이다.
68 동양 현악기의 하나. 바이올린과 비슷한 악기로, 네 개의 현으로 이루어져 있으며 말총으로 맨 활로 탄다.

우리나라에서는 이중 북, 행고, 동라를 가지고 있지만 나팔 등은 취하지 않았었다. 징은 우리나라의 사원에서 이러한 종류의 물건을 볼 수 있지만 음악에는 도입하지 않았다.

25. 조선말(馬)

* 만화는 늦은 귀가 모습을 그렸다고 해서 '만귀(晚歸)'라고 붙이고 있는데, 해설의 제목은 그와 달리 조선말이다. 해설 중에는 종로 대로 한가운데의 '만귀(晚歸)' 즉 말들의 늦은 귀갓길 모습을 언급하고 있긴 하지만 '빈약한 반도국'의 말에 대해 주로 기술하고 있다.

딸랑딸랑, 하고 목에 붙은 작은 방울이 울리는 키 3척이 안 되는 말이 열이고 스물이고 줄을 지어 머리를 쉴 새 없이 흔들며 빠른 걸음으로 지나간다. 총개韓童는 나뭇가지를 각자 손에 쥐고 그 옆을 따라간다. 종로 큰길 한가운데를 지나는 조선말의 행렬은 재미있다. 특히 짐 없이 가볍게 머리를 흔들며 가는 늦은 귀갓길은 흥미롭다.

고삐는 매우 길다. 개울에 다다르면 말에게 흐르는 물을 건너게 하고 한동(총각)은 고삐를 잡고 다리 위를 건넌다. 고삐 길이는 5, 6미터[69]나 된다.

딱 당나귀 정도의 크기로, 모두 바짝 마른 말뿐이다. 조선말은 모두 이렇다. 그 꼴로 사람을 태우고 하루에 평균 십 리나 되는 여행을 견딘다. 한 달이고 두 달이고 견뎌내는 걸 보면 놀랄 만큼 건강한 몸이다. 조선의 시골길은 상태가 나쁘다. 고개 따위는 암석을 피해가며 걸어야 한다. 그것은 몸이 작은 조선말이기 때문에 가능한 것으로, 단숨에 경주하는 데는 일본말에 훨씬 미치지 못하지만 조선의 도로에는 이런 말이 아니면 적합하지 않다고 한다.

낙타는 아라비아의 뜨거운 모래에서 자라고 당나귀는 만주의 황량한 토지에서 종일 끈기 있게 연자방아를 끌며 빙빙 돈다. 자그마한 조선말은 빈약한 반도국의 메마른 산등을 사람을 태우고 가뿐히 뛰어다닌다.

---

69   원문은 '3間'으로 되어 있다.

26. 우하(牛下)의 낮잠

* 만화의 제목은 '낮잠'이지만, 해설의 제목은 '우하의 낮잠'이다. 해설에서 언급하고 있듯이 그것은 조선인의 '저능, 무사태평함, 부주의함'과 그로 인한 불결함을 강조하기 위한 의도인 듯하다. 소의 유순함은 유순한 조선인을 닮은 결과라 하여 유순하고 온순함이 조선인 본연의 타율적인 근성임을 강조하고 있다.

소 밑에서 낮잠을 잔다는 것은 요보가 아니고서는 불가능한 기예이다. 이렇게 기발한 것을 생각하다니, 과연 조선이다. 걷어차인다든지 소변을 맞는다든지 하는 공연한 걱정에 신경을 쓰지 않는 점은 요보의 호탕한 면이다. 무사태평하다고나 할까, 무신경하다고나 할까. 한인은 겁이 많은 듯하지만 사형장에 가서도 오히려 평온하게 큰 사발에 손을 넣어 게걸스럽게 밥을 먹는다. 한번 소리치면 슬금슬금 달아나지만, 죽음이라는 것을 별로 두려워하지 않는 듯하다. 상상력이 부족하니까 미리 지레 겁을 먹지 못하는 것인지도 모른다. 대실수를 저질러 문책을 받아도 히죽히죽 웃고 있는 저능아적인 면도 보인다.

그러니 노방에 우마차를 세워놓고 여름 오후에는 소 밑에서 자는 것이 그처럼 득의양양한 것이다. 소도 요보화(ヨボ化)하고 있는 것처럼 보여서, 유순한 것 같다. 조선에서는 말을 끄는 사람은 총가[韓童], 소를 끄는 사람은 요보[爺]로 정해져 있다. 말이나 소를 세워둘 때는 고삐를 나무나 기둥에 묶은 뒤에 그 고삐로 다리를 매어놓는다.

요보[爺]가 우마차 뒤를 따라가는 광경은 완전히 막무가내이다. 석재를 가득 싣고 도랑의 돌다리라도 건넌다거나 할 때도, 한쪽 방향을 어림잡아 조절하는 것이 아니라 뒤에서 소를 세게 치며 단숨에 지나쳐 가려고 하니까, 수레바퀴가 빠져서 차대(車臺)가 모두 도랑에 빠지는 것은 흔해빠진 일. 그러나 앞 수레의 전철을 스스로 교훈삼아 조심하는 자는 없다. 그들은 아직껏 세밀한 주의를 요하는 문명의 이기를 운용하기까지 뇌력(腦力)이 발달하지 않았다. 유래로 불결은 저능, 무사태평함, 부주의함으로부터 나온다. 이 그림과 같은 무사태평함은 제도(帝都)의 큰길(大道)에서 요보[韓爺]이기에 비로소 가능한 기예이다……

27. 무동(舞童)

흑인에게도 흑인에게 걸맞은 춤이 있다. 하물며 영리한 조선인에게 수예(手藝)며 족예(足藝) 따위가 없을 리 없을 터. 멋진 곡예로는 줄타기가 있는데, 그것만은 한인도 꽤 재주가 있다며 보는 자들 모두 감탄한다. 하지만 줄타기는 우리나라에서도 일찍이 행해져서 특별히 진기하다는 생각이 들지는 않는

다. 이러한 종류의 곡예로 조금 색다른 것이라면 그림에 보이는 것 같은 무동이라는 것으로, 비슷한 것을 들면 곡마(曲馬)이다.

다만 말 대신 인간의 어깨에 올라탄 긴 소매, 긴 옷자락, 청·적·백·황색 줄무늬로 염색한 의상을 입은 총가[韓童]. 연령은 6, 7세에서 14, 5세까지인데 매우 몸이 가벼운 듯 소매를 흔들며 자유롭게 춤을 춘다. 건장한 남자가 총가[韓童]를 어깨에 올려놓고 이리저리 뛰어다닌다. 총가[韓童]는 어깨에 서서 몸을 굴신(屈伸)하며, 큰 손을 전후좌우로 흔들며 조금도 위험한 느낌 없이 춤추는 것은 나비와도 같고 너무나도 진기한 광경이다. 큰길에 몇 조(組)가 모여서 연희장을 향해 갈 때 같은 경우는 볼 만하다. 아주 격렬하게 돌 때면 무동을 태운 남자는 무동의 바짓가랑이를 꽉 붙든다. 그때 무동은 몸을 완전히 뒤로 젖혀 아악 하고 떨어질 것처럼 보이더니, 날렵하게 자세를 바로하고 평지라도 그렇게는 못하리라 생각될 정도로 눈에 보이지 않을 만큼 민첩하게 춤추는 방식. 많은 조가 나와서 서로 경주하듯 춤을 춘다. 마지막에는 서로 다른 쪽에 뛰어올라 두 사람이 한 곳에 서거나, 혹은 두 사람이 나란히 있는 곳에 삼중으로 올라타 돌아다닌다. 곡마를 꼭 닮은 기예로, 교묘한 것이다. 다만 아쉬운 점은 피리와 큰북을 담당한 사람이 떠들썩하기만 할 뿐, 좌장은 한 마디도 하지 않는다. 이만큼 여유 있게 춤을 출 정도면 춤추면서 뭔가 노래를 했으면 한다. 서로 호흡을 맞출 정도의 기예는 아니니까, 노래할 정도는 가능해 보이는 것이다.

발끝이 가느다란 가죽신으로 발을 반쯤 불구처럼 하고 있음에도 불구하고, 줄타기나 이러한 춤을 공연한다는 것은 의외이다. '그네' 탈 때도 이처럼 동무(童舞)적으로 어깨에 태워 3인 3중의 놀이를 한다.

28. 요보의 싸움

요보도 서로 마음에 들지 않으면 싸움을 한다. 장죽을 물고 탁려풍발(卓厲風發)[70]의 달변으로 30분이고 1시간이고 "우리(俺)[71]가, 우리가" 하며 언쟁을 한

---

70 의론이나 재주가 계속 나옴.
71 원문에는 '오레(俺)' 즉 상대를 하대하며 '나'를 의미하는 일본어에 '우리'라는 한국어 발음을 옮겨 'ウリ'라고 토를 달고 있다.

II 『조선만화』 • 111

다. 말싸움으로 거의 손찌검은 하지 않는다. 서로 노려보거나 욕하는 것이 길어져서, 보고 있는 우리들은 하품이 난다. 눈을 부라리며 팔을 움켜쥐고 입에 거품을 물고 가슴과 가슴이 서로 맞닿을 만큼 몸을 기울여 허세를 떤다. 마치 고양이싸움과도 비슷하다. 1시간이나 이렇게 노려보다가는 드디어 결렬된다. 간혹 드잡이를 하거나 밀치는 경우도 있지만, 단순히 미는 데 그치고 주먹을 들어 서로 때리는 일은 거의 없다. 큰소리로 서로 욕하는 도중에는 구경꾼들이 새까맣게 몰려와서 나는 모른다는 태도로 유유자적 서로 불을 나누며 담배를 피운다. 봉변당할 걱정이 없는 싸움이다. 그 사이 한두 차례 멱살을 잡으면 중재가 들어간다. 그러면 중재자를 가운데 두고 쌍방의 욕설과 허세는 한층 활기를 더한다. 장죽을 왼손에 소중하게 들고 결코 싸움의 도구로는 쓰지 않는다. 2전(錢)인가 3전의 착오로부터 일어난 논쟁이니까 담뱃대가 부러지면 더 손해이다. 수지타산이 철저한 싸움이다. 강개(慷慨)하면 자신의 몸을 꼬집는 인종이니까 일상의 사사로운 논쟁에 격노하여 단벌뿐인 옷을 찢거나 아깝게 쌀밥을 먹고 만들어낸 피를 뿌리는 듯한 어리석은 소행은 하지 않는 것이다. 다른 사람에게 분풀이를 하기 위해 구경꾼에게 말을 붙이는 부덕한 소행도 하지 않으므로, 구경하는 쪽에서도 연극 관람을 하는 셈이다.

29. 석합전(石合戰)

돌싸움이 조선의 명물이라는 사정은 우리나라에도 널리 알려진 사실이다. 그것과 함께, 조선인은 돌던지기에 묘한 재주를 가지고 있다는 말도 옛부터 우리나라에 전해져 오고 있다.

조선인이 돌을 던지는 것을 아직 본 적은 없다. 돌싸움이라는 것도 옛날에 행해진 일일 거라고 생각하고 있었더니, 지금도 왕성하게 행해진다. 단 그것은 정월축제의 여흥으로 개최되기 때문에 우연히 돌싸움이 시작된다거나 하는 일은 없다. 우리나라에서도 칠석제(七夕祭)의 여흥으로 행해지는 윗마을과 아랫마을의 싸움이라든지 신사(神社)의 마쓰리에 행해지는 윗마을 아랫마을의 싸움 등은 흔하다. 인간은 아무튼 야만성을 탈피하지 못하고 난폭한 일을 좋아하는 존재인 것이다. 그러니 한인도 평소 어떤 은원(恩怨)도 없는데도, 정월이 되면 축제라 해서 일을 쉬고 놀면서 뭔가 손을 움직여 보고 싶다고 생각하여 경성에서는 성 안과 성 밖의 돌싸움이 시작된다. 먼저 쌍방이 성 밖의 광장에 모여서 상대하여 진을 치고, 쌍방에 우두머리가 있어 지휘도 하며 감독도 한다. 양쪽 각각 백 명에 가까운 사람들이 주효(酒肴)를 들고 다니며 상대진에게 서로 먹이고 쌍방의 우두머리가 미리 협의하여 이제 합전(合戰)을 시작하겠다고 말하기까지는 결코 난폭한 짓을 하지 않는다. 부근의 언덕에서 구경하는 자를 거칠게 구타하는 등의 일도 없다. 하지만 이윽고 합의하여 돌싸움이 시작되면 그것은 또한 맹렬한 전투가 된다. 먼저 서로 적당한 돌을 던진다. 부상자는 얼마든지 생길 수 있다. 평소는 말싸움만 할 뿐이지 거의 손찌검을 하지 않는 나약해 보이는 한인이 이럴 때 보이는 용감함과 무지막지함이란 오싹한 것이다. 얼마 안 있어 쌍방이 서로 접근하여 뒤엉키는 합전이 되면 그들은 바지 아래 숨겨둔 2척 정도의 몽둥이를 들고 서로 타격한다. 선혈이 솟구치는 것쯤은 아무렇지도 않다. 정수리가 갈라져 죽는 자도 있다. 올해는 경관이 간섭하자 한인 순사를 꽁꽁 묶어두고는 돌싸움을 했다. 이리하여 적당한 때 쌍방의 우두머리는 합전을 중지시킨다. 부상자를 점검하고 전선 안으로 침입한 정도를 확인하여 승패를 정한다. 그리고 이틀 후에는 어디어디에서 개전하기로 약속하고는 해산한다. 한번쯤은 봐둘 만한 기이한 습관이다.

30. 요보의 톱질

장죽을 물고 한 사람은 위에, 한 사람은 아래에, 위에 있는 사람은 높이 푸른 하늘을 바라보며 천문(天文)을 생각하고, 아래 있는 사람은 톱밥을 뒤집어 쓰며 천 년의 나이테를 센다. 풍류 넘치는 톱질이다. 일본의 톱질은 엉거주춤

하게 서서 하므로 허리가 아플 것 같지만, 조선의 톱은 도쿄의 숯 자르는 톱 모양으로 6척이나 되기 때문에 두 사람이 든다. 함께 자리를 잡고 노래를 부르거나 이야기를 하면서 하니 매우 태평스럽다. 일본의 톱질도 이런 방법으로 개량하면 어떨까. 혼자서 일하는 것은 싫증나기 쉽다. 두 명이 힘을 모아 하는 것이 훨씬 흥미롭다.

이와 비슷한 노동으로는 쇠삽에 줄을 매달아 좌우 양쪽에서 이 새끼줄을 잡아당겨 올려 쇠삽을 사용하는 남자를 도우면서, 밭둑의 흙을 파 올리는 방식으로 세 명이 함께 하는 것이 있다. 이것은 일본의 어딘가에서도 행해지고 있을는지도 모르지만, 일반에 보급되지는 않았다. 모내기 때에 한 마을이 모두 출동하여 한쪽 끝에서부터 심어가는 습관은 재미있다. 시골의 즐거움 중 하나이다. 조선에서는 모내기 때 음악을 담당하는 사람까지 두어서 기운을 북돋는다고 한다. 농사나 공작(工作)에 관해서는 예로부터 상당한 지혜가 퍼져 있는 듯하다. 말총으로 갓을 만드는 것 등도 기발함의 극치이다.

요보가 큰 재목 위에 높이 올라 앉아 톱질하고 있는 것을 보면 유쾌한 기분이 들어 파안일소를 금치 못한다. 그것도 일에 집중하며 웅크리고 엎드려 있다면 재밌지 않지만, 예의 장죽을 물고 몸을 젖히고 있는 것을 보면 이 녀석 솜씨도 좋네 하고 무심코 지껄이게 된다. 일본인이 피는 담뱃대는 뭔가 부족해 보이지만, 조선인이 피는 담뱃대는 유장(悠長)하다. 무미건조한 톱질도 장죽 문 한인처럼 두 사람이 천문지리를 생각하면서 하고 있다고 생각하면 풍류적이다.

31. 조선의 가마

　서양에는 가마라는 것이 있다는 말을 들어보지 못했다. 가마는 동양 특유의 물건일까? 인도에도 가마라는 것이 있다. 우리나라에서는 특히 가마가 발달한 듯하여, 산길 등은 간단하게 만든 특수한 가마를 사용한다. 그러나 보통의 사무라이까지 가마로 에도(江戶) 시내를 왕래했다는 이야기는 별로 들어보

---

* 이 만화에는 제목이 없다. 하지만 우스다는 '조선의 가마'라고 해설의 제목을 붙였다. 이와 같이 제목이 없는 만화는 앞서 지적했지만 '제기 찬다'라는 해설의 만화와 함께 2편이 있다. 제목이 없는 그림이더라도 도리고에는 이 만화에서처럼 항상 'セイギ' 혹은 'セイ' 등의 서명을 반드시 적어 넣고 있다.

지 못했다. 경성에서 보는 것처럼 빈번히 가마를 타고 돌아다니는 국민은 동양에도 예가 없을 것이다.

근래는 양반들도 일약 하이칼라다운 자가용 인력거를 둘러싼 소동으로 인해 한인 사이에도 경편(輕便)한 인력거가 대유행이며 가마의 왕래는 상당히 줄어들었다. 이런 조선 가마는 그림에서 보면 검은색이나 곤색으로 치장한 것[72]처럼도 생각되지만, 기실 매우 누추한 것으로 일본의 이나리사마(稻荷樣)[73]나 지조사마(地藏樣)[74]에 붉은 옷이나 꾀죄죄한 천조각을 입혀놓은 것처럼 이상한 청색 적색의 천조각 따위로 장식되었다. 막(幕)도 더러우며 가마꾼은 초라하고 더러운 복장의 요보이다. 그리고 일본과 같이 막대가 상부를 가로질러 그것을 어깨에 짊어지는 것이 아니라 가느다란 막대 두 개가 좌우 양측을 가로질러 요보는 막대에 달린 밧줄을 어깨에 걸고 그림처럼 손으로 막대를 잡고서 가는 것이다. 제법 무거운 듯이 머리를 앞으로 숙이며 '여차 여차' 가는 모습은 너무 흔들려서 한번 타보겠다는 마음이 들 법하지도 않다. 가마의 바닥은 견고한 소가죽으로 된 3센티미터[75] 너비의 천을 가로세로 바둑판 모양으로 깔았는데, 탄력이 있으므로 실제로는 승차감이 좋다고 한다. 10리에 40전 정도의 요금이란다.

여인의 가마와 남자의 가마는 일견 구별된다고 한다. 이전에는 일본인 지

---

[72] 원문에는 '구로가모지다테(黑鴨仕立て)'라고 되어 있다. 이는 복장 전체를 그냥 무늬 없이 검은색과 감색의 바탕으로 한 것을 일컫는데, 대개 하인 남자나 아이들이 입는 옷을 가리킨다.
[73] 이나리(稻荷)는 오곡(五穀)을 관장하는 식물(食物)의 신이며, 각 지역마다 이나리신사(神社)가 있다. 여기서는 그러한 신사 앞에 있는 동물상에 걸쳐 놓은 천조각을 비유하기 위해 차용되었다.
[74] 지조(地藏)는 지장보살(地藏菩薩)의 약어이다. 여기서도 지장보살을 모신 절의 입구에는 작은 돌조각상이 세워져 있는데, 그 조각상에 천조각을 걸쳐 놓은 것을 비유하기 위해 차용했다.
[75] 원문은 '일촌(一寸)'으로 되어 있다.

사(志士)들이 이 가마로 통행하며 으스댔다고 하지만, 근래는 일본인 치고 조선가마에 타보았다고 하는 자는 거의 없다. 탔다간 반드시 빈대[76]의 선물이 따라붙는다고 하니 진절머리 난다.

76 원문에 한국어 발음을 따라 'ピンデ(빈대)'라 표기되어 있다.

32. 조선의 인왕님

* 만화의 제목은 '군신(軍神)'이지만 해설의 제목은 '조선의 인왕님'으로 되어 있다. 과거 조선의 무(武)에 관한 관념의 결여는 식민사관에 있어 중요한 요소 중 하나였다. 이순신을 둘러싼 '신화'는 당시 그러한 식민사관에 대해 조선인이 항변하기 위한 화제가 될 수 있었다. 우스다의 해설을 통해 이순신의 '신화'를 둘러싼 기억의 갈등이 '한일합방' 이전부터 민간 사이에서 상당히 이뤄졌음을 알 수 있다.

이 그림은 군신(軍神)이 아니라 군신을 경위(警衛)하는 인왕님의 하나이다. 조선 군신의 본체가 무엇인지 알 수 없지만, 인왕의 면상에 의거하여 판단하면 반드시 흉측한 얼굴일 것이다.

하지만 이 인왕님의 모습은 상당히 이상한 것이다. 지나(支那)에도 천축(天竺)에도 우리나라에도 이렇게 흉측한 신불악귀(神佛惡鬼)의 모습은 없다. 단지 흉측하지 않고 추악한 것이므로 두렵다. 우리나라의 인왕님과 조금 닮은 점이 있다. 편평한 머리, 커다란 입, 뭔가 추악한 모습이다. 눈은 백련(百鍊)의 거울 같다는 괴물을 연상시킨다.

왼손의 독고(獨鈷)[77]를 흔들고 주먹 쥔 오른손을 흔드는 점은 인왕님의 모습 그대로이지만, 바지를 무릎 밑에서 대님으로 졸라맨 점은 상당히 요보다운 골계이다.

하지만 전체적으로 보면 말로 다 표현할 수 없이 재밌는 조각상이다. 목상(木像)으로 보면 더욱 재미있다. 발이 울퉁불퉁 조잡하게 조각된 점 등은 묘하다. 멋스럽게 요즘 유행하는 베일 같은 것을 어깨에 걸친 점은 애교스럽다.

군신 하니 생각나는 것이 있는데, 도요토미(豊臣秀吉) 공의 정한(征韓) 당시 우리 해군을 괴롭힌 이순신은 여전히 살아 있는 군신으로 한인 사이에 숭배되고 있다. 지금도 한인들은 육군이라면 일본보다 열등하지만 자기 나라에서도 군함이라는 것을 갖추면 해전에서는 결코 지지 않는다고 허세를 부리는 자가 많다고 한다. 한인의 사본(寫本) 기록서에는 도요토미 정한 때의 전기(戰記)를 조선의 대첩인 양 쓴 것이 있어 일본군에게 모든 비방을 가하고 마구 분만(憤懣)을 터뜨리는 것이 있다고 한다. "오늘날 그런 것을 일본인에게 보였다간 우

---

77 스님들이 수법(修法)할 때에 쓰는 도구의 하나. 양 끝이 철이나 구리로 뾰족하게 된 금강저(金剛杵)이다.

리는 참살될지도 모른다"고 말하는 한인이 있다. 그런 바보같은 일은 일어나지 않으니 가지고 와보라고 말해도 좀처럼 가져오지 않는다.

33. 돈 계산

조선인, 더럽다는 것에 대한 관념이 가장 부족하다. 땅바닥에 흰 바지 채로 쭈그려 앉거나 마당에 뒹굴며 자는 것을 가장 특기로 하는 바이다.

돈 계산도 땅바닥 위에서 하는 한인에게 어떤 것이 제일 고맙냐고 물으니, 돈만큼 고마운 것은 없고 특히 구멍 뚫린 일문전(一文錢)이 가장 고맙단다. 왜냐하면 엽전은 위조가 없고 언제 어디서든 통용할 수 있기 때문이다. 아이들에게 줄 때도 편리하다. 조선에 와서 큰 재산을 쌓은 무리들 중에는 한화(韓貨) 위조자도 있다. 조선인은 이 위조 백동화(白銅貨)에는 골치를 앓았기 때문에 백동이나 은화를 꺼리고 일본 지폐도 위험하다고 여긴 것이다. 다만 엽전, 즉 구멍

있는 일리전(一厘錢)만은 위조할 방도가 없어 이것만은 진짜로 안심이라 한다. 노동자들은 생활 정도가 낮으므로 지폐나 은화 등은 주머니에 넣어도 표시가 나지 않아 몹시 부족하게 느껴질 것이다. 하지만 엽전이라면 20전 정도만 있어도 대단히 무겁고, 하나씩 세어도 200번이나 세는 즐거움이 있다. 주머니도 볼록하다. 차부 등에게 새로 주조한 작은 20전짜리 은화를 주면 위조는 아닌가 하고 의심하면서 눈에라도 넣으면 없어질 듯 작은 것에 불안해 하며, 값어치는 있다는 것을 알면서도 뭔가 아쉬운 듯 이쪽의 얼굴을 빤히 쳐다본다. 그때 동화(銅貨) 20냥이라도 던져주면, 하늘에서 황금이 떨어진 양 기쁜 얼굴로 정신없이 주워모은다.

　돈 세는 일을 유일한 낙으로 삼는 천박한 인간은 서양에도 옛날부터 존재했다고 하고, 동양에서는 이웃나라 지나 사람 중 가장 유명한 어떤 자는 금화에 사포질을 하여 금가루를 모아두었다는 진부한 이야기가 있다. 조선인도 날품 일을 끝내고 해질녘 엽전을 땅바닥에 늘어놓고 계산하는 일이 커다란 위로라 한다. 욕심도 너무 지나치면 천진난만한 것이지 죄는 아니다.

34. 신문의 낭독

* 우스다 잔운은 도리고에의 만화 자체뿐만 아니라 그 제목에 대해서도 가끔 평가를 하곤 했다. 이 만화에 대해서도 "이것은 한인 거리에서의 명물 중 하나로서 그림의 제목으로는 극히 어울리는 것"이라고 평가했다. 그렇듯 해설의 표제어에 대해서도 고민이 있었음을 확인할 수 있다. 본문 중 "우리나라에서는(我邦では)" 혹은 "방인(邦人)은"이라고 한 표현은 일본어 혹은 일본문화가 타자를 읽기 위한 기준으로 개입되는 방법이다. 간혹 타자의 문화 속에서 유사한 자기의 문화가 발견될 때는 "우리나라도 처음 신문이 발행되었을 때는 이와 같은 모습"이었다는 식으로 자기의 과거로 간주하여 비교하는데, 이는 타자의 문화를 "불변하는 실체로 여기는 몰시간성"에 근거한 해석이라고 할 수 있다.

조선에 신문종람소가 없다고 말하지 말라. 요보들에게는 신문낭독이라는 좀 더 간편한 것이 있어서 큰길가에 면한 집 밖에서 햇볕을 쬐면서 5~6인이 땅바닥에 주저앉아 그 근처의 박식한 사람이 어제의 신문지를 큰소리로 읽는다. 그 운율은 경전 읽는 것을 들을 때처럼 일종의 가락을 붙여 끊어 읽고 억양을 갖춘다. 결코 긴요한 시사 논책을 읽는 모양은 아니다. 몸을 뒤로 젖히고 가슴을 편 채 가끔씩 담배를 피우고 침을 뱉어가며 덧문짝에 기대어 태연자약하게 조금도 서두르지 않는 자세는 유학자의 풍모가 있다. 듣는 자 중에는 팔꿈치로 턱을 괴고 있거나 혹은 담뱃대를 물거나 눈을 감기도 하며, 더러는 정중하게 왕래하는 사람들을 보면서 가끔 고개를 끄덕이는 사람들도 있다. 때때로 눈살을 찌푸리거나, 하늘을 우러러보기도 하고, 혹은 머리를 숙이고, 결코 질문은 하지 않지만 묵회(默會)[78]하는 경우가 있는 것 같다. 읽는 자나 듣는 자 모두 지나다니는 사람에 대해 긍지를 느끼는 모양이다.

옛 신문 한 장이 그들의 사교기관이다. 처마 밑 도랑을 덮어 둔 판자 위에 앉았으니 종람료도 필요치 않다. 밀크나 커피를 강매당하는 일도 없다. 지극히 평민주의이며 간편하다. 그리고 무사태평하다.

우리나라의 신문사가 한국 쪽 비사에 관한 긴급사건의 호외를 내도 다음날 오후까지는 그에 대한 풍설이 한인 거리에 돌지 않는다. 우리나라에서도 처음 신문지가 발행되었을 때에는 이러한 모습이었을 것이다. 상점의 화로 주위로 근처의 남자들이 오륙인씩 몰려들어와 그 집의 주인이 소학교 선생인 듯한 태도로 낭독했던 옛날이 그리워진다. 지금도 산간벽지에서는 삼사인씩 짝을 지어 하루 지난 한 장의 신문을 매일매일 회람하는 노인네들이 있다고

---

78 설명을 듣지 않아도 깨달음.

한다. 반드시 요보만을 비웃을 일이 아니다. 그것도 한인 거리의 명물 가운데 하나이며 그림의 제목으로는 매우 적절했던 것이다.

35. 기생의 춤

　기생의 춤은 여러 가지가 있다. 보통 행해지는 것만 8~9종이다. 그러나 그 중엔 공 던지기같이 보이는 놀이도 춤의 한 부분으로 포함되어 있다.
　이 그림에서 능숙하게 추고 있는 춤은 남무(男舞)라는 것인데, 이 명칭은 그림과 같이 한쪽 기생이 남장을 하고 둘이서 춤을 추기 때문에 그렇게 붙여진 것이다. 모든 기생의 춤은 따로 재주를 필요로 하지 않는 것뿐이다. 손발을 멋들어지게 놀린다거나, 몸을 굽혔다 폈다 하거나, 얼굴을 이리저리 돌리는 등 우리 게이샤의 춤처럼 솜씨를 드러내는 바가 전혀 없고, 오로지 소매를 흔든다거나 이 그림과 같이 팔을 평평하게 체조하듯 움직일 뿐, 보고 있으면 실로 가슴이 미어진다.

결국, 한인은 우리나라의 예인과 비교하면 무예무능하다. 한 번도 눈을 놀랄 만하게 만족시킨 적이 없다. 다만 진기한 것이기에 기생의 춤이 보고 싶다고 도한자(渡韓者)가 음란한 주문을 하는 것이지 기실 가치가 있지는 않다.

기생무라는 것은 남자 고수[79]가 무대 뒤에서 피리를 불며 북을 쳐서 합주한다. 조선의 고수는 대부분 노년의 남자로 그 유치한 합주는 조선 특유의 음조 가락과 음색을 표하고 있다. 이 음색과 가락은 확실히 조선, 조선인의 꾸밈없는 본색을 표명하고 있다. 명나라와 청나라의 음악을 그대로 수입한 것은 아니다. 조선인의 머리에서 솟아나온 것이다. 기생의 춤은 보잘것없지만 고수의 합주는 졸렬함과 유치함 속에서도 어떤 생명을 포함하고 있다.

이 남무의 의미는 젊은 남녀 간에 서로 사모하는 정을 나타낸 듯싶지만, 춤추는 와중에 이따금 남장한 쪽이 상대를 머리부터 폭 자기 가슴에 덮어씌우고 그 소매로 포옹한다. 매우 육감적으로 이상한 느낌이 든다. 세와모노(世話物)[80] 연극이었다면 남녀의 포옹도 이상하진 않았겠지만, 고상하게 나부끼는 춤 속에서는 매우 악감(惡感)을 불러일으킨다.

79　원문은 '하야시카타(囃方)'로 되어 있다. 이는 가부키나 노우가쿠 등의 예능에서 연기의 장단을 맞추거나 흥을 돋우려고 연주하는 반주 음악으로 피리, 북, 징, 사미센 등으로 연주한다.
80　세와모노(世話物)란 가부키 등에서 주로 에도시대의 서민상을 소재로 하여 공연하는 작품을 말한다.

36. 요보의 주머니 [巾着]

요보의 주머니는 일곱 가지의 도구. 헐렁헐렁한 고쟁이를 한 걸음 가서 끌어올리고, 두 걸음 가서 추켜올린다. 허리춤을 가느다란 끈 한 줄로 묶어놓았기 때문에 자꾸 내려간다. 내려가기 때문에 자꾸 추켜올린다. 하지만 그 허리춤에는 주머니 일곱 개가 매달려 있다. 돈이 들어 있고, 담배가 들어 있고, 거

울이 들어 있고, 열쇠가 들어 있고, 화투패가 들어 있고, 성냥개비가 들어 있고, 상자나 통에서 벗겨낸 종이나 신문잡지에서 잘라낸 여인의 사진, 비누를 포장한 종이, 기타의 완구 봉투 등, 주머니를 많이 달고 다니는 것은 명예이다. 명주천이나 지나산(支那産) 견직물 천조각으로 만든 주머니에는 긴 끈이 달려 있다. 사람이 처마나 문앞에 여럿 모여 주머니에서 뭔가 끄집어내고 서로 보여주는 것이 그들의 유일한 자랑거리이자 즐거움이다. 일본에서는 집사들이 만일에 대비해 10엔 지폐를 종이쌈지에 넣어 두는 것을 보고, 다이묘·화족들이 작년 것도 쓸 수 있지 않느냐며 의심스러운 표정을 지었다는 이야기도 있다. 그런데 계산적인 조선에서는 지금의 태황제가 작년 정사를 친히 돌보았을 때까지는 허리춤의 주머니에 중요한 증서에서부터 열쇠나 금전 등 일체를 넣어두고 초롱(提灯) 하나 사더라도 재가를 받았다는 이야기를 들었다. 하물며 하층민은 어떻겠는가. 돈이 있다는 것이 알려지면 말단 관리에서부터 뭔가 구실을 붙여 빼앗는다. 은행이라는 것은 남의 집. 현금을 증서로 바꿔서 은행의 손에 건네는 일 따위는 생각지도 않을 뿐더러, 마루에 구멍을 뚫어 그 안에 숨겨둔다. 수시로 쓰는 용돈은 앞에 대롱대롱 매달린 주머니에 넣고, 나갈 때나 들어올 때나 잘 때나 일어날 때나 한시도 떼놓지 않는다. 사람을 만나면 도둑이라고 생각하고 관리를 보면 귀신이라고 생각한다. 온돌과 함께 날로 늙어가는 마누라를 도둑맞아도 아깝지는 않으나 매일 한푼 두푼 세며 돈을 모아두는 주머니만은 생명보다도 아깝다 한다.

37. 변기 세척

깨끗한 이야기는 아니지만 이것도 조선만화에서는 피할 수 없는 재료. 조선인은 실내에서 변기를 씻는다고 한다. 예로부터 소변으로 얼굴을 닦는다고 전해지던 조선 부녀자들. 실내에서 변기를 씻는 정도는 늘상 하는 장기이다.

---

* 그림의 제목은 '실내에서 변기를 닦는다'이다. 『조선만화』는 말하자면 만화와 글과 하이쿠로 이뤄낸 조선에 대한 민족지학(ethnography)적 문화번역이라고 할 수 있다. 문명과 야만, 청결과 불결, 근면과 태만, 합리와 비합리 등의 이분법을 통해 시각화(=만화화)한 야만, 불결, 태만, 비합리의 조선을 청각, 후각, 시각, 촉각, 미각의 오감을 통해 글로 부연하여 번역하고 있다. 따라서 만화의 프레임 안에 일본인은 부재할 수밖에 없고, 그 프레임은 야만, 불결, 태만, 비합리의 공간인 것이다. 〈변기 세척〉은 이를 대표적으로 보여주는 항목이다.

조선에는 일체 변소 설비가 없다. 근래 개화한 양반패들이 슬슬 일본인 술집에서 네(四)말들이 빈 술통을 사서 변소를 마련하는 모양새다. 소변은 그림에서처럼 실내에서 원형의 도자기 안에다 좔좔 눈다. 대변은 집 벽 안의 땅을 집 바깥쪽 시궁창까지 파놓고 거기에서 눈다. 그것이 죄다 차례로 집 바깥의 도랑으로 흘러나간다. 밤을 틈타 몰래 도로에다 싼다. 한인의 문에는 '흙을 뿌리면 황금이 나온다(拂地黃金出)'라고 쓰인 종이가 붙어 있다. 어불성설에 억지다. 무심코 아침 일찍 비를 들고 집 밖으로 나가면, 하룻밤을 묵힌 노르무레한 것이 여기저기에 똬리를 틀고 있다.

몸에서 나온 녹[81]이라는 것을 소변이라고 어설픈 말장난으로 익살을 떨던 사내도 있었지만, 한인에게 있어서는 자업자득[82]이니 어찌할 도리가 없는 것이라고 체념할 것이다.[83]

실내에서 소변을 보고, 실내에서 변기를 씻는다. 게다가 손으로 공들여 씻는 데에는 감심(感心)할 따름이다. 다만 일본의 변기는 목제 마게모노(曲げ物)[84]이거나 통으로 만든 것이거나 양철과 함석제이기 때문에 악취가 확고하게 스며들어 있는 데 비하면 한인의 것은 도자기이므로 씻으면 원래대로 되어 그렇게 악취도 남아 있지 않다. 이 점만은 일본에서도 도자기로 개량해야 할 것

---

81 "몸에서 나온 녹(身から出た錆)"이란 민중예술 중 하나인 라쿠고(落語)에 나오는 말로, 원래는 자업자득, 자승자박을 의미한다.
82 원문은 '몸에서 나온 소변(身から出た小便)'이라고 되어 있다.
83 이 문장의 전체의 의미는 "몸에서 나온 녹(身から出た錆)"을 소변이라고 비유하는 말장난에 근거하여 원래 문장 속의 녹(錆)을 소변으로 바꾼 것으로, "몸에서 나온 소변(身から出た小便)"이라 해도 자업자득이라는 뜻이 될 수 있다는 말놀이 혹은 말장난이라고 할 수 있다. 결국 여기저기 널려 있는 거리의 대소변에 대해서 조선인들은 불결하지만 스스로의 몸에서 나온 것이니 체념하여 받아들일 수밖에 없다는 식으로 대응한다는 비위생의 관념을 비꼬고 있는 표현인 것이다.
84 마게모노(曲げ物)는 노송나무나 삼목 등의 얇은 판자를 구부려 쳇바퀴처럼 만든 원통에 바닥을 메운 그릇을 말한다.

이다.

  더욱이 한인 가옥은 온돌이다. 흙 위에 유지(油紙)를 바른 것이기 때문에 물로 씻고 닦아내면 소변 냄새도 사라질 것이다. 일본의 다다미에 어린아이가 똥을 눈 것만은 어떤 변명도 하기 어렵다. 조선인을 비웃는 한편으로 이쪽의 개량도 하지 않으면······.

38. 한인의 우구(雨具)

큰 비가 내리고 있었다. 한인이 유유히 장죽을 물고 간다. 변소에 갈 때도 장죽을 물고, 짐을 짊어지고 갈 때도 장죽을 문다. 물을 길 때도, 논쟁할 때도,

* 만화의 제목은 '빗속의 한인'이다.

한시라도 장죽을 입에서 떼지 않는다. 비오는 날 담배를 물고 지나다니는 녀석이 있느냐고 괴상히 여길 테지만 불이 꺼져도 전혀 개의치 않고 담배를 피우지 않는 박하 파이프와 같이 입에 물고 있기만 하면 만족하는 것이다.

한인의 우구는 세심한 데까지 주의를 기울인 것이다. 일본인처럼 긴 소매의 옷을 입지 않기 때문에 오동기름을 바른 우구를 사용하는 모습이 제대로다. 기름종이 제작법은 예전부터 발달한 나라로, 온돌 마루를 까는 기름종이 등은 매우 정교한 것이다. 모자는 말꼬리로 짠 조금 고가의 물건이기 때문에 비에 젖는 것을 기피한다. 그런 까닭으로 그림과 같이 기름종이로 만든, 우리나라 우산 중에 작은 놈과 같은 것을 모자 위에 덮어쓴다. 발에는 그림과 같이 나막신을 신는다. 이 나막신은 발부리가 말려올라가게 나무를 파서 만든 것으로 구두와 같은 모양이다. 굽은 두껍고 닳으면 교체할 수 있다. 흙탕물로 버선을 적시는 일이 없다. 원래 조선인은 솜을 두껍게 댄 버선을 신는다. 한인들은 일본인이 중류층 사람들도 맨발을 드러낸다며 비웃는다고 한다. 이 한인의 나막신은 두꺼운 버선을 신지 않고서는 아파서 걷지도 못할 것이다. 최하층의 노동자들이 아닌 한, 꽤 영세한 사람이라도 반드시 버선을 신고 있다. 여름에도 반드시 신는다. 서양인들은 감기가 발에서부터 걸린다고 말한다. 맨발을 노출하는 것은 일본인에 한정된 습관일 것이다.

이 그림 속 총개[韓童]가 쓰고 있는 삿갓은 우리나라의 하나카사(花笠)[85] 모양으로 대나무 골격에 기름종이를 바른 것이다. 채색한 그림을 그려 매우 공들여 만든 것이다. 지름이 2척인 것도 있기 때문에 몸이 꼭 숨겨져 웬만한 비로는 젖을 일이 없다.

---

85 하나카사(花笠)는 조화 등으로 아름답게 장식한 우산을 말한다. 제례나 무용 때 사용한다.

39. 변기와 세면기

 또다시 불결한 그림이 나왔다. 한인이 변기와 세면기를 실내에 나란히 두고 기상하여 한쪽에서는 소변을 보고, 그 손으로 한쪽에서 얼굴을 씻는다. 말해놓고 보니 자못 불결한 이야기지만 일본 부인도 서서 소변을 보고 그 손으로 경단을 집는 일 정도는 한다. 남자에 이르면 한층 더 거리낌없이 불결하게

---

* 만화의 제목은 '변기와 세면기의 잡거(雜居)'이다. "또다시 불결한 그림이 나왔다"며 시작되는 해설의 이 만화는 하단에 있는 요강 그림 위의 변기라는 글자가 눈에 띈다. 어찌 보면 『조선만화』 자체가 불결한 '야만 미개'의 조선을 담아내기 위한 기획일지 모른다.

Ⅱ 『조선만화』 • 137

행동한다. 귀찮다고 하고는 대변을 보고도 손을 씻지 않는 호걸들이 많다.

하지만 문명이란 냄새나는 것을 덮어버리는 것으로, 그 감추려는 마음은 대단히 진보 개명한 것이다. 탐내는 것만 아는 집주인은 세 드는 사람의 불편도 생각지 않고 부엌과 변소를 맞댄 셋집을 만든다. 모든 집주인은 야만 미개의 인간이다.

실내에서 얼굴을 씻는 것은 참을 만하지만 변기 곁에서 얼굴을 씻는 것은 불쾌하다.

옛날 조선의 관인은 하인에게 타구를 들고 아침마다 문안하도록 했는데 언젠가 하인이 타구를 잊어버려서 주인이 하인의 입에 가래를 뱉었다는 이야기가 있다.

이와 동일한 의미에서 왕후장상(王侯相將) 또한 모두 궁중에서도 열(列) 밖으로 나와 무릎을 꿇고 요강에 소변을 본다. 손님 앞에서도 태연히 그렇게 한다. 부인들은 변기를 들고 몸을 옆으로 돌려 좔좔 소변을 본다고 한다.

궁중에도 변소와 같은 설비가 없기 때문에 왕 또한 실내 변기를 사용한다. 다만, 그 버릴 장소만은 뒤뜰에 구멍을 파둔다는 둥, 아무튼 악취의 나라다. 상륙해서 먼저 야릇한 악취를 느끼고, 수도에 들어서서 분변(糞便)이 길거리에 흩어져 있는 것을 보고, 그 집에 들어가 변기와 세면기가 잡거하는 꼴을 보는 데 이르러서는 실로 코를 막아 쥐지 않고는 견딜 수 없을 지경이다.

40. 쌀 찧기

요보의 쌀 찧기. 왼손에는 장죽, 오른손에는 절구공이라는, 거참 태평한 모습이다. 나태하고 게으르고 칠칠치 못하다. 게다가 한가한 생활을 하고 있는

* 만화 속 어두운 배경이 정서상의 음침함을 더한다. 해설에서는 쌀 찧기 이외에도 달걀에서 나는 이상한 냄새를 더욱 자세히 기술하고 있다.

모습이 떠오른다. 토지의 크기에 비해서 인구가 적기 때문에 아직도 생존경쟁이 치열하지 않다. 거추장스러운 장죽은 바쁜 생활에는 도저히 유지할 수 없는 것이다. 가느다란 절구공이를 한 손으로 찧는 것은 우리나라의 시골에서 경단 가루를 찧을 때 행하는 것이다. 제도(帝都)의 중앙에서 이렇게 태평한 생활을 하고 있는 국민은 행복하다.

조선의 쌀은 일본쌀과 다르지 않다. 일반 사람에게는 차이가 발견되지 않는다. 조선에 거주하는 우리나라 사람은 대체로 조선쌀을 먹고 있다고 한다. 남경(南京)쌀이나 광동(廣東)쌀, 월남[西貢]쌀 등은 낱알이 길어서 얼핏 봐도 판별할 수 있다. 그러나 조선쌀은 일본쌀과 하등 다를 바가 없다. 밥을 해도 맛이 동일하다. 한때 우리나라에 남경쌀이 수입되던 시절에는 악취가 나서 먹기 힘들었다. 석유 냄새가 전염되었다고 전해졌다. 다행히 조선쌀에는 악취가 없다.

악취라니까 떠오르는데, 조선에서 악취가 나는 식품은 계란이다. 하수구 냄새가 나는 날계란은 도무지 먹을 수 없고, 반숙도 먹을 수 없다. 냄비에 버터를 둘러 전병으로 만들면 이 악취가 사라진다. 조선의 닭은 불결한 도랑을 돌아다니며 모이를 먹기 때문에 계란은 더러운 도랑 냄새가 난다고 하는데, 그런 것만도 아니다. 닭고기는 악취가 나지 않는다. 계란의 악취는 석유 냄새가 감염된 것이다. 시골의 한인은 석유통이 들어간 궤짝을 소중히 여겨서 그 속에 계란을 저축한다. 많이 쌓이면 묶어서 시장에 팔러 간다. 그 사이에 석유 냄새가 배는 것이라 한다. 하지만 나에게는 석유 냄새라고는 생각되지 않고, 더러운 도랑 냄새다.

41. 유방의 노출

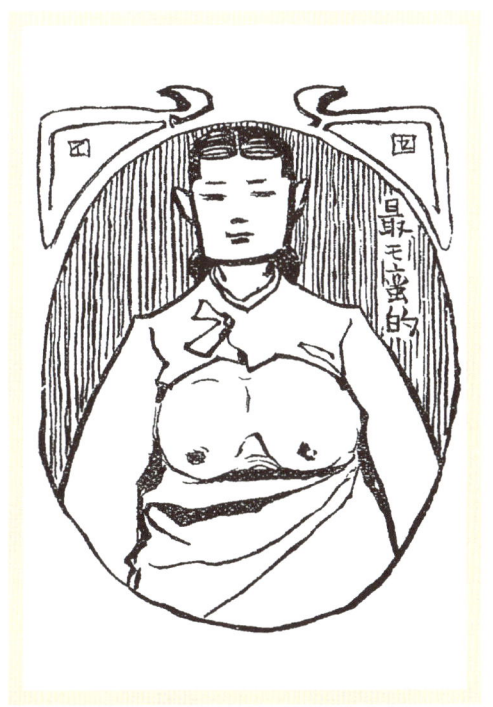

* 만화의 제목은 '가장 야만적인'인 반면 해설의 제목은 '유방의 노출'이다. 이 책에서는 조선의 여자들이 남자들보다 고집이 세다는 등의 기술이 여기저기 발견된다. 또한 한편에서는 기생, 갈보 등을 묘사하여 성적 대상으로서의 여성들에 주로 주목하고 있다. 하지만 이 만화는 조선 문화가 성적 대상화되면서 야만성의 극치로 표상되었다는 점에서 그 어떤 만화보다 강렬하다.

색정광의 일종에는 부녀자의 유방을 움켜쥐는 일이 최상의 즐거움이라고 말하는 이가 있다. 거기에 꼭 안성맞춤이라고 할 수 있는 것은 조선 부녀자이다. 대체로 한인은 쥬반(襦袢)[86]을 착용하지 않고, 쥬반이라는 것을 알지 못할 것이다. 겨울에도 속옷 없이 솜옷을 바로 입는다. 그리고 부녀자의 의상은 상의와 치마가 구별되어 있다. 상하가 이어진 의복을 착용하는 것은 일본인뿐일 것이다. 그런데 조선 부녀자의 상의는 극히 짧다. 어느 정도 하의를 올려 매더라도 유방의 아래까지다. 상의는 유방을 가릴 수 없을 정도로 짧기 때문에 상의와 하의 사이는 15-18센티미터[87] 사이가 벌어져 속옷 입지 않은 살이 노출되어 있다. 그림에서 보이는 바와 같은 거대한 유방이 부끄럼 없이 드러난다. 소아에게 젖을 물리기가 편하다.

이렇듯 상의가 짧다는 것은 그들 조선 부녀자에게는 자만의 하나로서 짧은 상의는 세련됐다는 의미라고 한다. 엄동에 손가락이 떨어질 것 같은 날에도 역시 상의와 하의의 사이가 벌어져 있다. 천민 사회의 부녀자일 경우 한풍을 맞아가며 매일 세탁하는 것이 일이기 때문에 이렇게 노출되어 있는 살은 적동색(赤銅色)이 되어 있다. 실로 몹시 한기를 잘 견뎌내는 부녀자들이다.

남자의 옷은 상의가 허리까지 내려온다. 바지통은 매우 넓다. 겨울이면 솜을 덧댄 넓은 솜바지가 아마도 따뜻할 것이다. 이 점에서 부녀자 쪽은 하카마(袴)[88]와 같은 치마를 앞뒤에서 허리로 휘감은 것으로, 그것은 솜으로 되어 있지 않기 때문에 여자 쪽이 남자보다도 고집스럽고 참을성이 강하다고 할 수

---

86   일본옷의 속옷. 맨몸에 직접 입는 짧은 홑옷.
87   원문은 5~6촌(寸).
88   일본옷의 겉에 입는 아래옷. 허리에서 발목까지 덮으며 넉넉하게 주름이 잡혀 있고 바지처럼 가랑이진 것이 보통이나 스커트 모양의 것도 있음.

있을 터이다.

　유방도 시종 일광이나 풍우를 맞고 있다면 흉중의 구슬이라고 형용할 만큼 희고 포근한 것이 아니다. 검고 지저분하다. 일견 불쾌한 느낌을 일으킨다. 색정광 선생도 그것에는 위축될 것이다. 이 풍습을 야만적이라 한다면 그렇게 말할 수도 있지만 홍색의 겉치마를 손으로 걷어 올리고 드문드문 흰 정강이를 내보이는 음란한 것이 아니다. 아직도 들은 바 없다. 햇빛에 그을린 한(韓) 부인의 유방을 보고 길을 잃은 선인(仙人)이 있다는 사실을!

42. 참외

* 광주리 가득 참외를 담아 놓고 그것을 먹는 조선인 그림은 어딘지 모르게 우울해 보인다. 해설에서 "20개나 먹는다는데 놀랄만한 폭식이다", "지독하게 식욕이 과해 궁하게 먹는다" 등의 표현처럼 궁색한 모습이다. 그만치 "남양에서는 바나나를 주식으로 삼고 야자나무 열매즙을 마셔서 토인이 충분히 살아간다는데, 한인도 여름에는 참외로 살아가는 것"이라는 남양의 '토인'에 비견되는 조선인의 폭식과 불결의 식(食)문화를 야만시하는 결론으로 끝맺는다.

조선 참외는 대단한 산물이다. 7월 초부터 8월 내내 "참외 사려[89]"라는 소리가 문 앞에서 끊이질 않는다. 참외가 나오면 한인 거리의 쌀가게는 7할 가량 판매고가 감소한다고 한다. 하층 한인은 밥 대신 참외를 먹는다. 참외 먹기 경쟁이 있는데 패한 자는 상대가 먹은 값을 대신 지불한다. 그때는 20개도 먹는다는데 놀랄만한 폭식이다. 일본인이라면 8월의 무더위에 참외 하나만 먹어도 금세 전염병원[90]에 격리될 테지만 한인이 참외를 먹고 병이 났다는 말은 전혀 들어본 바가 없다. 그들은 참외가 바로 소변으로 나와 버린다고 한다. 대변을 통해서 나와도 좋다고. 한인이 1년 중에 가장 즐기고 폭식하는 것은 참외다. 밤도 많이 나지만 한 되에 20전이나 하기 때문에 한인의 생활 정도로는 배불리 먹을 도리가 없다. 다만 참외만은 계절과일이라서 일시에 많이 나온다. 따라서 가격도 싸기 때문에 그들이 입과 배를 만족시키는 때는 지금 말고는 없다며, 지독하게 식탐을 부리고 게걸스럽게 먹는다. 거리를 거닐면서 먹고 노방의 맨땅에 주저앉아서 먹는다. 참외는 시중의 도처에 팔려나간다. 그런데 이질이나 콜레라로 빚어지는 소동은 그다지 없다. 평소에 야만적인 생활에 길들여져 식사를 변변찮게 하고 있기 때문에 신체는 건강한 편이다. 남양에서 토인은 바나나를 주식으로 삼고 야자나무 열매즙을 마시며 충분히 살아갈 수 있다고 하듯이, 한인도 참외로 여름을 나는 것이다.

매년 조선의 왕은 조정의 신하들에게 참외를 하사하는 관례가 있는데 금년에도 하사 소식이 있었다. 그러나 몹시 맛없는 것으로 풋내 나고 싱거워서

---

89 원문에는 한국어 발음을 옮겨 'サリョウ(사려)'라고 되어 있다.

90 원문에는 '피병원(避病院)'으로 되어 있다. 이는 법정 전염병 환자를 격리 수용하는 당시 전염병원의 통칭으로 1878년 이후부터 1999년까지 그 용어가 사용되었다. 전염예방법 폐지와 감염증 예방법 실시 이후에 이 호칭은 사용되지 않게 되었다.

일본인은 즐기지 않는다. 한인은 익지 않아 딱딱한 것을 수확해 팔기 시작한다. 조금이라도 물러지면 안 된다고 한다. 그들이 설사를 하지 않는 이유는 딱딱한 것만 먹기 때문일 것이다.

43. 매복(賣卜)선생[91]

일본으로 치면 "안마[92]!"라고 외치며 다닐 것 같은데 오른손으로 죽장을 짚어가며 왼손으로는 부채를 입에 대고, 백주대낮에 마을을 지나간다. 눈으

---

91 돈을 받고 점을 쳐주는 사람.
92 속어로 장님, 맹인을 일컫는다.

로 본 대로 누구라도 조선의 안마사라고 생각하지만 실은 매복선생이다. 호객 도구로는 품속에 들쭉날쭉하게 붙인 작은 나무 막대기가 있다. 이 들쭉날쭉한 것을 늘어놓고 팔괘 점을 치는 것이다. 보통은 '장님'[93]이라 불리는 맹인인 것이다. 점쟁이 스스로 '판수'[94]라고 부르고 '판사(判士)'라고 쓴다. 분실물이 어딨는지, 점괘가 무엇인지를 아는 사람이라는 의미다. 기다리는 사람이 오는지 오지 않는지, 군수가 될 수 있는지 없는지, 내일의 날씨는 맑은지 흐린지, 빌려준 돈을 받을 수 있는지 없는지, 오늘은 장사가 될지 안 될지, 언제쯤 부자가 될지, 오늘은 어떤 방향으로 산보를 가는 게 좋은지, 비상금은 어디에 두면 도둑맞지 않을지, 옆집 여인은 언제쯤 과부가 될지, 텃밭의 수박은 언제 수확해야 좋을지, 마누라의 병은 무엇의 재앙인지, 시골로 내려가려는데 언제 떠나는 게 좋은지, 마누라의 배는 언제부터 불러올지, 오늘은 남산에 오르는 게 좋은지와 같은 것들을 판단해주고 돈을 받는 것이다.

    복장은 보통 사람과 조금도 다르지 않다. 여름이나 겨울이나 부채를 입에 대고, '에스미리'(エースーミーリ)[95]라고 입을 한껏 벌려 외치고 다닌다. 부채를 입에 대는 것은 무슨 까닭이냐고 총개[韓童]에게 물어보니, "저것은 나리, 총개[韓童]가 나쁜 짓을 하기 때문입니다. 이전에는 부채를 지니고 있지 않았는데 맹인이 입을 벌려 소리칠 때 짓궂은 총개[韓童]는 막대기에 똥을 발라 맛보게 했습니다요. 그러니 맹인은 눈을 이리저리 굴리며 '핫, 풋풉'이라 하겠지요. 우습지 않습니까요. 그래서 부채를 입에 대고 걷는 것입니다요."라고 손

---

93   원문은 한국어 발음을 옮겨 'チャンニム(장님)'이라고 되어 있다.
94   원문은 한국어 점치는 일을 직업으로 삼는 소경을 뜻하는 '판수' 발음을 들리는 대로 옮겨 'パンスー(판스)'라고 되어 있다.
95   점쟁이가 외치는 소리를 한국어 발음대로 옮긴 것으로 보이나 그 의미가 확실치 않다.

짓과 입모양을 흉내 내며 실제 상황을 눈으로 보는 듯이 설명하는 것을 들으니 과연 듣던 대로라 웃음이 멈추지 않는다.

44. 잔털 뽑기

　모친이 자기 딸을 미인으로 만들겠다고 조선 부인이 딸의 얼굴에 난 잔털을 뽑아주고 있는 그림이다. 우리나라에서는 부녀자도 때때로 면도칼을 대지만 조선식은 그림과 같이 가는 실로 한다. 이것은 또한 교묘하여 그림과 같이 한쪽 끝을 입에 물고, 가운데 부분을 오른손에 움켜쥐고, 왼손으로 다른 한쪽

끝을 잡아 잔털에 댄다. 꼰 것을 잔털에 걸면 실에 감긴 털이 뽑혀나온다. 고통도 적고 면도하는 것과는 달라서 뽑은 것이 금세 다시 자라는 성가심이 없고 점점 진해질 염려도 없다. 기묘한 습관을 발달시킨 것이다.

서양의 부녀자는 코밑이 상당히 검어질 정도로 털이 많은 사람이 드물지 않다고 하는데, 그들도 역시 면도날을 사용할 것이다.

하지만 조선부인이 있는 듯 없는 듯한 잔털을 거슬리다고 뽑아내는 것은 쓸데없이 의욕만 강한 것이다. 화장법에 관해서는 시골 처녀식의 촌스러운 것이 된다손 치더라도 한인 부녀자는 전심으로 노력하고 있다. 그러기에 소변으로 얼굴을 씻고, 백분을 엷게 바르지 않고 짙게 안면에 처바르는 것이다. 옅은 화장법을 모르는 것 같다. 우리나라의 여자는 각진 이마를 꺼리지만 조선의 여자는 머리카락을 두 갈래로 나눠 이마가 시작되는 가장자리는 각지게 만든다. 이마 끝이 둥근 것을 머리카락을 뽑든지, 면도하든지 해서 각지게 한다. 나라마다 풍속도 다르다. 그들이 머리를 묶는 방법도 크게 내려서 머리에서 묶는 것이 아니라 목 부분에서 묶는 것이다. 흰옷만 입기 때문에 머릿기름으로 옷깃이 금세 더러워진다. 요즘은 여학생이건 기생이건 대부분 하이칼라라며 히사시가미[96]에다 꽃모자를 쓰곤 한다. 조선 여자는 온돌에서 칩거하는 것을 좋아하는 게 아니라 질투가 심한 남편 때문에 어쩔 수 없이 집 안에만 갇혀 있는 것으로, 사실은 여자 쪽이 남자보다도 들뜨기 쉽고 진취적인 기운이 넘친다고 한다.

---

96 히사시가미(ひさしがみ, 庇髪)는 앞머리를 모자 차양처럼 내밀게 한 머리로 메이지 후기에서 다이쇼 초기에 유행하였다. 여학생들 사이에서 크게 유행하여 여학생의 별칭으로까지 되었다.

45. 걸식

　국가 총체가 빈약한 만큼 조선인은 열등한 저급 생활을 하고 있지만 문명국처럼 빈부의 차이가 심하지는 않다. 따라서 거지는 많지 않다. 구걸해서 생계를 유지하는 자는 상당하다고 하지만 거지라는 이름으로 사람들의 눈에 흔히 띄는 자가 무리를 지어 시중을 돌며 문전걸식하는 건 보지 못했다.
　그러나 결국 조선의 근성은 거지 근성이다. 타인으로부터 얻는 일은 결코 마다하지 않는데 그것에 보답하는 정신이 심히 부족하다. 얻는 것만 알고 돌려주는 것은 알지 못하는 거지 근성이다. 은혜를 알지 못하는 것은 거지라고 흔히 말한다.

　총가(韓童)는 7,8세부터 삼태기를 어깨에 걸고 이웃집 처마 밑에 놓여 있는 쓰레기통을 뒤진다. 쓰레기터에서 물건을 줍는 것은 거지 근성이다. 한인 하층민은 스스로 일해서 돈을 모으지 않으면 아내를 얻을 도리가 없다고 하니 유년부터 자활(自活)해야 한다고 부모로부터 가르침을 받는다.

　조선에서 오래 거주한 일본인 대부분은 한인과 친구가 될 수 없다. 한인은 답례를 하는 국민이 아니라고 말한다. 그것을 개개인에게 비춰보면 은의(恩義)를 중시하는 자도 얼마간 있겠지만, 전체로 보면 주의주장이 없고 절조가 없는 창부와 같다. 따라서 거지와도 유사한 근성이 엿보인다. 국가 자위상 이와 같은 외교술이 확고부동하게 국민 일반에 침윤한 것이다. 조선 거지라는 말은 예로부터 전해져왔다.

　일본인도 조선에 오면 거지근성이 된다고 말한다. 금일 조선에 있어서 우리나라 졸부들은 처음에 모두 벌거벗고 하나같이 거지와 다름없는 꼬락서니로 도한(渡韓)했던 경우가 많았다고 한다. 그 후의 도한자도 내지에서 생계가 어려워서, 아니 그것보다는 한번 조선 거지의 패에 끼는 것도 방법이라는 결심으로 현해탄을 넘은 것이기 때문에 거류지에도 거지 근성이 횡일(橫溢)하고 있다. 인색한 식민지다.

46. 조선의 모자

 일반 보통의 조선 모자는 이 그림의 중앙에 있는 모양으로, 모자라거나 관(冠)이라고 말하지 않고 갓이라 부른다. 그 모양과 그 구조는 정말 갓이다.
 대나무 살로 틀을 만들어 전체를 말꼬리로 짠 것으로서 수세공의 교묘함

---

* 만화의 제목은 '모자의 여러가지'이다.

에 대해서는 조금 감격하지 않을 수 없다. 차양은 한일자처럼 평평하게 할 수 있다. 이 갓을 쓰려면 우선 망건이라 부르는, 이것도 말꼬리로 짠 한 치 너비의 리본 모양의 것인데 머리카락이 아래로 내려가지 않도록 야무지게 머리띠를 한다. 그리고 나서 역시 말꼬리로 짠 가마니 두건 같은 탕건이라 부르는 것을 쓴다. 그 위에 이 그림에서 보이는 것처럼 갓을 쓴다. 요컨대 이 그림의 중앙에 있는 갓은 이중 갓인 셈이다. 그리고 위세를 부리는 자는 밑에 쓴 탕건 속에 한 치 가량의 마노(瑪瑙)[97] 장식을 늘어뜨린다. 한편, 이 갓은 긴 끈을 턱에 맨다는데 비싼 것은 끈이 마노구슬 염주로 되어 있다. 가격은 최상급의 경우 2, 30원, 보통이 5, 6원, 최저급은 2원 반이다. 한인의 생활 정도로 보면 실로 고가의 물건이다. 그래서 그들은 싸움이라도 할 경우에는 먼저 갓을 벗는 것부터 시작한다.

왼쪽 위에 있는 것은 모피 모자로 겨울의 한기를 견디는 모자다. 이것은 정수리 부분이 트여 있고, 상투를 틀지 않게 되어 있다. 털로 귀도 가릴 수 있다. 낯익지 않은 별난 물건이지만 방한모로서는 몹시 쓸모가 있다.

그 아래는 양반의 하인, 가마꾼, 마부들의 모자로, 말꼬리 폐품에 풀을 먹여 조잡하게 만든 것이다. 그 아래 큰 삿갓은 상중인 사람이 쓴다. 3년상이므로 이 큰 삿갓을 쓰고 다니는 사람들을 시중에서 흔히 볼 수 있다. 그 오른편에 있는 것은 부인 모자로 도쿄 가쿠슈인(學習院)[98] 유년부의 생도가 쓰는 흰 술 달린 것과 비슷한 바가 있다.

---

[97] 석영, 단백석, 옥수의 혼합물. 화학성분은 송진과 같은 규산으로, 광택이 있고 때때로 다른 광물질이 스며들어 고운 적갈색이나 흰색 무늬를 띠기도 한다. 아름다운 것은 보석이나 장식품으로 쓰고 그 외에는 세공물이나 조각의 재료로 사용한다.

[98] 1877년 황족이나 화족(華族)을 위해 설치된 엘리트 고등교육기관으로 1884년 궁내성 직할의 관립학교가 된 이후에는 초등과·중등과·고등과를 두었다.

47. 조선 차부

* 만화의 제목은 '만사태평한 차부'이지만 해설의 제목은 '조선 차부'이다. 우스다는 해설에서 "이 그림의 부족함이라면 거기에 긴 담뱃대를 물리지 않은 점"이라고 평가한다. 이제까지의 내용에서 자주 드러난 것처럼, 조선인의 품성인 천하태평과 태만의 상징이 그에게는 바로 담뱃대 즉 장죽이기 때문이다. 또한 해설에서 "ヨンガミさん, 熱い日でガンスナ(영감님, 더운 날에 가시나)" 하는 한국어를 인용하고 있다. 그런데 그 문장에서 한국어와 일본어를 섞어 쓰고 있는 점이 눈에 띤다. 한국어+일본어 즉 'ヨンガミ'+'さん'나 '熱い日で'+'ガンスナ'에는 '소리'를 들은 대로 표기하려는 무의식이 작동하고 있는 게 아닌가 싶다. 앞서도 지적했지만 해설에서는 이런 음성에의 집착이 곳곳에서 나타난다.

조선은 만사태평한 나라다. 조선인을 느긋한 유민(遊民)이라고 말하면 유생(儒生)들이야 손을 떨며 분개할 테지만 사실 만사태평하다. 어찌 됐든 한가해 보인다. 똑똑한 체하는 것도 없고, 맹렬한 형상도 없다. 빈약한 모습은 있지만 우수의 기색은 없다. 의젓하고 대범한 태도는 오히려 만사태평해 보인다. 첫째로 한 가지 이색적인 삿갓 모양의 모자가 특이하게 보이며, 그 모자의 끈이 길게 가슴으로 늘어져 있고 상의의 끈이 폭넓게 오른쪽 가슴에서 허리 아래까지 늘어져 있는 점은 성미가 느긋하고 태평한 느낌이다. 오목눈, 세모눈은 전혀 없고 대부분이 가로로 반듯한 긴 눈이다.

이 그림을 보면, 인력거 위의 양반은 두 눈이 한일자로 되어 있다. 이것은 괴물 같지만 인상을 전달하는 데는 이것으로 충분하다. 한쪽 발에만 짧은 짚신을 걸치고 곧게 선 자세로, "영가미(영감—옮긴이)상, 더운 날에 어딜 가시나"[99]라는 말투로 태극무늬의 부채를 부치며 걷는 차부는 만사태평한 차부라 하기에 부족함이 없다. 오로지 이 그림의 부족함이라면 거기에 긴 담뱃대를 물리지 않은 점이다. 정교한 색판 인쇄로 만들면, 얼굴은 감색, 손발과 바지는 흙색, 상의는 땀색, 인력거 위의 양반은 손도 얼굴도 부채도, 의복도 기름종이 색이 좋겠다. 결국 흐리멍덩한 쥐색이다. 따라서 '논키(暢気, 만사태평—옮긴이)의 차부는 돈키(鈍気, 둔감—옮긴이)의 차부'라는 말장난이 어울린다. 그러나 계산할 때면 그리 느긋하지 않다. 터무니없는 것을 요구한다. 20전 은화 한 닢보다는 10전 두 닢을 받고 좋아한다. 5전짜리 백동을 4개로 주면 한층 더 기뻐한다. 1문을 2백 개로 주면 오랜 시간 정성껏 헤는 사이에 무량한 희열을 느끼는 듯

---

99 원문은 'ヨンガミさん, 熱い日でカンスナ'로 되어 있다. 그중 '간스나(カンスナ)'는 한국어인 듯한데 의미가 불분명하다. 문맥상으로 볼 때 '더운 날에 어디 가시나'의 뜻이 아닐까 짐작된다.

하다. 요즘에는 일본 차부를 흉내내서 찢어진 양말을 얻어 신는다. 짝이 맞지 않아 오른쪽은 검은색, 왼쪽은 푸른색을 신는다.

요보 차부는 앞을 보지 않고 달려가는 놈과, 아무리 '어서 가'[100]라고 하며 인력거 위에서 지팡이로 등을 찔러도 느릿느릿 걷는 두 종류가 있다. 경사진 한쪽으로 황금도랑(똥-인용자)이 있는 좁은 한인 거리를 가도록 시키면 겨울에도 승객이 땀을 흘린다.

---

100 원문은 한국어 발음을 들리는 대로 옮겨 'オソカー(오소카)'라고 표기하고 있다.

48. 부녀자 풍속

* '사람도 풀도(人目も草も……)'라는 만화의 제목은 일본 가요집 『고킨와카슈(古今和歌集)』에 수록된 와카 "山里は冬ぞさびしさまさりける 人目も草も枯れぬと思へば(산촌은 언제나 쓸쓸하지만 특히 겨울은 더욱 쓸쓸하다. 찾아오는 이도 없고 풀도 시들어 버리니)"의 일부분을 따온 것이다. 이 와카는 겨울의 쓸쓸하고 적막한 정취를 노래한 것인데, 특히 이 와카가 누구에게나 알려진 것은 후지와라 데이카 (藤原定家)가 편찬한 『오구라백인일수(小倉百人一首)』의 28번에 수록되는 등 그 외 많은 '백인일수'에 수록되었기 때문이다. 이 '백인일수'는 100명의 가인의 노래를 한 수씩 골라 편찬한 것인데, 『오구라백인일수』가 대표적이고 거기에 수록된 와카들은 100장의 카드에 적어 가지고 노는 와카가루타 (歌カルタ)라는 국민적인 카드놀이를 통해 '국민와카'가 되었다. 그런데 이 "人目も草も"라는 와카가 왜 이 만화의 제목이 되었는지는 아직 의문이 든다. 단, 쓸쓸하고 적막한 식민지적 정취나 풍경을 그림으로 옮기고자 했던 의도가 아닌가 하고 짐작할 뿐이다. 반면, 해설은 두 명의 부녀자가 각각 갓을 쓰고 빨래를 이고 가는 그림을 보고 '부녀자의 풍속'이라 다르게 제목을 붙이고 있다.

머리에 물건을 이고 걷는 습관은 우리 이즈오오시마(伊豆大島)[101] 등에도 있다. 한인 부녀자는 뭐든지 머리에 인다. 10세 가량의 여자아이들도 물동이를 머리에 이고서 거뜬히 다닌다. 때문에 한인 부녀자는 몸을 굽혀 시선을 내리깔고 걷는 일은 없다. 곧게 선 자세가 좋다. 발은 팔자걸음으로 '스— 스—' 하고 놀리며 다닌다.

커다란 삿갓을 쓰고 다니는 것은 평양 부인들에게 많다는 둥. 다만 이 삿갓은 우구(雨具)는 아니다. 맑은 날이건, 볼일을 보러 나갈 때건, 놀러나갈 때건 모두 착용한다. 얼굴을 덮어 가리기 위한 것으로 후카아미카사(深編ミ笠)[102]와 동일한 의미다. 고무소(虛無僧)[103]들의 삿갓 쓴 차림새는 조금 볼 만하지만 한인 부녀자의 스게카사(菅笠)[104]는 실로 볼품도 없는 야만적인 것이다. 삿갓이 조잡하게 만들어졌기 때문이기도 하다.

우리나라에서도 장옷을 사용한 시대가 있었다. 삿갓도 사용했다. 하지만 훨씬 물건이 좋게 만들어져서 연극에서 사용되는 걸 보더라도 그 품질이 좋다. 조선 부녀자의 장옷만은 실로 골계다. 게다가 통소매가 달려 있으니 실로 바보스럽다. 우리나라 학생이 통소매 하오리(筒袖)를 머리부터 덮어쓴 것과 조금도 다르지 않다. 한인 부녀자의 의상은 정식으로는 대부분 이상적으로 만들어졌는데 장옷만은 실로 바보스럽다. 장옷을 사용하는 것이 나쁘지는 않지만 통소매가 붙어 있는 것은 바보같다. 무언가 개량하는 게 좋을 것이다.

---

101 옛 지명으로 현재의 시즈오카(靜岡)현 대부분과 도쿄도(都) 관할의 지역.
102 얼굴을 완전히 가릴 수 있도록 운두가 깊게 만든 갓.
103 일본 선종의 일파인 보화종(普化宗)의 승려. 얼굴을 완전히 가리는 통 모양의 깊은 삿갓을 쓰고 가사를 두르고 퉁소를 불면서 각처를 동냥하고 다닌다.
104 사초로 엮은 삿갓.

뎃바(出刃)[105]라는 말이 유행하는 이때, 지나다니는 부녀자의 코앞으로 머리를 들이밀고 빤히 보는 남자가 많다. 한인 부녀자가 장옷이나 삿갓을 뒤집어 쓰는 것도 무리는 아니다. 우리나라에서는 근래 돔 모양의 부인용 박쥐 양산이 유행한다는 것도 이 점에서일 것이다.

조선 부녀자는 가슴에 끈으로 매듭을 지어 놓은 장신구용 작은 칼을 찬다. 그것은 우리나라의 비녀가 작은 칼 역할을 할 수 있었던 것과 마찬가지로 다소 호신적인 의미에서일 것이다.

---

105 '뎃바(てつば)'는 뻐드렁니(出齒)라는 뜻으로 '데바'라고도 읽는다. 여기서는 '엿보기를 하는 상습자 또는 변태'를 일컫는 '데바카메(出齒亀)'의 의미로 사용되었다. 이 말의 유래는 1908년(이 책이 출판되기 1년 전) 여탕을 상습적으로 엿보던 뻐드렁니 이케다 카메타로(池田亀太郎)가 살인사건을 일으키며 그의 별명이었던 '데바카메'가 함께 유명해진 것에서 비롯되었다.

49. 조선 신사(紳士)

* 만화 속 인물은 한복 두루마기에 눈에 띄는 큰 구두를 신고 중절모를 쓴 채 한 손에는 지팡이를 짚고 다른 한 손에는 담배를 들고 있다. 이 만화의 제목인 '소위 신사'는 '소위 신사라는 자의 꼴이……'라는 식의 내용을 담고 있는 듯한 뉘앙스를 준다. 커다랗게 그려진 구두를 돋보이게 그린 이유도 그런 풍자를 위한 것이 아닐까. 그런데 우스다는 해설의 제목으로 '조선 신사'라고만 했다. 마치 조선의 풍물을 지시하는 듯한 건조한 느낌의 제목이다. 그는 해설의 마지막 부분에서 이 만화 속 인물에 대해 "튀기 같은 옷차림"이라서 꼴사납고 어울리지 않는다고 한다. 하지만 반면교사라고 할까. 만화와 달리 해설의 대부분은 조선 신사를 다루기보다 사실 근대 이후 일본의 의복 생활이 서양을 모방하는 것에 대한 비판으로 이뤄져 있다. 게다가 지나인들이 자국의 복장으로 세계를 횡행하는 자존심을 높이 사기까지 하는데, 구미인의 시선에 개의치 않고 주체성 있는 생활양식을 지켜야 한다는 주장은 흥미롭다.

이 그림을 볼 때, 일본인이 하오리, 하카마에다가 구두를 신고, 고모(高帽)를 머리에 얹은 모양새가 서양인의 눈에 어떻게 비칠 것인지 두려워진다.

그 나라에서 자발적으로 발달한 풍속은 완전히 국민의 몸에 어울리지만 목후(沐猴)의 관(冠)106 격으로 선진국민의 풍속 일부를 모방하는 것은 어딘지 모르게 조화롭지 않다. 어딘가 우스꽝스러워 보인다. 동양인은 그 나라의 풍속(國俗)과 그 의식(儀式)을 일체 폐하고, 반드시 구미인을 모방하지 않고서는 일어설 수 없는 것일까. 이 점에 있어서 일본인은 지나인보다도 근성이 없다. 자국의 복장을 개량한다고 하는데, 완전히 새롭게 프록(frock), 실크로 바꿨다. 그리고 그것을 중요한 축제날(大式日)의 예복으로 규정하는 것은 지극히 품위 없다. 서양식의 의복이라면 양복이든 뭐든 예의에 어긋나지 않는다는 듯이 생각하고 관혼상제의 장소에 노동복을 착용하는 자를 조금도 책망하지 않으면서, 하카마를 걸치지 않은 것을 큰 무례라 여기고 있다. 일본인은 매우 영악하고 깍쟁이 같으며 경솔하다. 그래서 만약 급한 성질만 아니라면 순한 양보다도 다루기 쉬운 사람들이라고 구미인은 말한다.

지나인은 자국의 복장으로 세계를 횡행(橫行)한다. 과연 중화국민이라 하기에 손색이 없다. 조선인의 복장도 일본의 하오리와 하카마에, 시로타비(白足袋)107와 고마게타(駒下駄)108를 신는 식의 성가신 데에 비하면 의복으로서는 비난할 점이 없다. 세계적 일품인 말총 삿갓을 쓰고 세계의 취미에 또 하나의 멋을 첨가하는 것이 좋다. 일본은 일본일 뿐이니 풍류적인 난간이 달린 2층집에

---

106 〈1. 대신(大臣) 행렬〉 항목의 주6) 참조.
107 흰 일본식 버선.
108 굽을 따로 달지 않고 통나무로 깎아 만든 게타.

다 쇼우지(障子), 도코노마(床の間)[109]를 설치하고, 가부키몬(冠木門)[110]을 꾸미며, 하오리와 하카마를 예복으로 삼아도 관계 없다. 국민성이라느니, 국민의 자각이라느니 하는 논쟁만은 훌륭한 듯해도 프록 코트(frock coat)에 실크로 된 목후관(沐猴冠)을 쓰고 득의양양해하는 수다쟁이여서는 안 된다. 조선인도 중절모에 구두를 신는 것은 조선옷과 어울리지 않는다. 튀기[111] 같은 옷차림의 조선 신사는 꼴사납다.

109 일본 건축에서 객실인 다다미 방의 정면에 바닥을 한층 높여 만들어 놓은 곳. 벽에는 족자를 걸고 바닥에 도자기, 꽃병 등을 장식해 두는 곳.
110 두 기둥 위에 가로장을 건너지른 지붕 없는 문.
111 원문은 '아이노코(間の子)'로 되어 있으며 이는 혼혈, 튀기의 의미로 비하하여 말하는 것이다.

50. 승려

　일본에서 비구니가 쓰고 다니는 두건을 쓴 모습, 골계적인 얼굴이다. 과거에는 불교도 성했고, 지금도 각지의 명산에 남은 사원 건축은 조선 제일의 미술이다. 넓고 으리으리한 것이 이를 데 없었던 것이다. 특히 경문을 취하러 인도까지 갔던 명승이나 지식도 있었다고 전설에 남아 있지만, 지금은 승려라고

하면 천민[112] 취급을 하며 가장 지위가 낮아진, 은둔자의 산사에서의 삶. 다만, 조선의 묘지는 사원과 어떠한 관계도 없으며 묘지기를 맡는 것도 아니다. 형식만인 경궤(經机)에 거미줄 쳐진 경전이 두세 권 놓여 있을 뿐. 사원은 삼년상 중에 아주 심한 수치를 잉태한 후처가 낳은 사생아가 버려지는 곳이다. 이 사생아는 일생 동안 사원에 숨어사는 승려가 된다. 더러운 옷을 입고 있는 총가[韓童]에게까지 '이놈'이라 하대를 받는다. 그래도 절에는 예부터 주어진 땅이 있어서 각 절마다 30명이나 50명씩 침식을 하고 넉넉하게 일생을 마치는 승려가 있다. 미타불의 음덕도 대단하다. 사원은 조선의 양육원이나 고아원처럼도 보인다.

중류나 상류사회에서는 이와 같이 속세 밖의 사원에 음란한 인도를 받으러 가는 불심득자도 다수 있어서 승려는 요리사가 되고 간부간녀[姦夫姦婦]들이 밀회하기 때문에, 법당은 기생방과 매한가지[113]이다. 대자대비한 석가모니도 요보만은 지독한 마늘 냄새가 난다고 코를 막는다. 세상은 말세, 사람은 노모(老耄)[114], 승려는 천민 거지의 격이다. 가사를 두르고 목탁을 두드리는 것만은 세속의 옷을 벗고 맨발로 다니며 바리때의 잔반을 손으로 집어서 핥아먹었던 석가에 비해 훨씬 고수다.

112 원문은 '에타히닌(穢多非人)'이라고 되어 있다. 에타(穢多)란 중세 일본 신분제도상의 신분 중 하나이다. 에도시대에 확립된 신분제도인데, 불교나 신도(神道)에서 '더러움, 불결함, 추함' 등을 의미하는 '게가라(穢れ)'라는 관념에서 온 말이다. 즉 더러운 일이나 더러운 자(혹은 죄인)의 직종에 대한 호칭이다. 비인(非人) 신분의 속칭으로 여겨지며, 사농공상(士農工商)으로도 분류되지 않는 최하층 신분을 의미하는 멸칭(蔑稱)이기도 하다.
113 원문에는 한국어 발음을 따라 'ハンガチ(한가지)'라고 가타카나로 되어 있다.
114 원문에는 노모(老耄)라 쓰고 'ヨボ(요보)'라는 발음을 부기했다. 따라서 '요보'가 '노망들다'라는 뜻으로 이해되도록 의식한 것을 알 수 있다.

なのだ、彼等は年齢僅かに十五六才と見ゆるが、巳
る、而して巳が女房に客を取らせるのだ。之が朝鮮で
蝎甫のみならんや、妓生等も皆な亭主持で、亭主が妓
蝎甫屋の外に立つて居る斯種の小ヨボ妓夫は、少さい
提げて居る、日本人が通ると、ヨンガミさん／＼と
ける、黙つて行き過ぎやうとすると、見るばかり宜し
先づ代物を見てから氣に召したなら買ひなされと
曝を欺して淫賣させて、焦るゝなんとしよでは、朝鮮の
はならね、余り平凡な文句だ。兎に角十五六才の

Ⅲ. 만화,로 읽는 조선과 ,조선 知,

1. 저널리즘 '조선 知'의 기원

　이제까지 학계에서 제국일본의 '조선에 관한 지식'의 구축이나 그 재생산과 관련한 논의는 주로 대학과 기관, 그리고 학회 등과 같은 관주도의 조사사업이나 학술활동을 토대로 이뤄져 왔다. 그런데『조선만화』는 두 명의 경성일보 기자가 공동저자라는 점에서 그것과는 변별적인 관점에서 논의되어야 할 텍스트이다. 이는 아카데미즘 바깥의 저널리즘에서 이뤄진 다양한 방식, 즉 통계, 문헌, 조사, 분류 등의 경험적(과학적) 방법이 아닌 글과 만화 그리고 시(하이쿠)로의 감각적인 묘사를 통해 조선사정을 담아낸 것이라는 중요한 특징을 지닌 자료인 것이다.
　그럼 우선 아카데미즘에서 조선에 관한 조사사업이 어떻게 진행되었는지를 간단히 살펴보자. 1938년에 조선총독부 중추원에서 발행한『조선구관제도조사(朝鮮舊慣制度調査)』는 그러한 관주도의 활동과 사업에 관해서 자세히 기록하고 있다. 그 책에 따르면, 관이 주도한 조선 조사사업은 초대 통감인 이토 히로부미(伊藤博文)가 당시 도쿄(東京)제국대학 교수

이자 '민법학계의 권위자'인 우메 겐지로(梅謙次郎)¹를 법정고문으로 초빙해 의정부(議政府) 안에 '부동산법조사회'를 구성하고, 이건영 외 7명을 위원으로 임명해 조선에 대한 '특별관습조사'를 실시한 것이 그 '효시'라 한다. 이때 토지나 임야 등의 부동산은 물론 그와 관련한 제도 등의 문헌 기록을 중심으로 "행정에 참고"될 만한 조선의 자료가 그들을 통해 수집·정리되었다.² 『조선구관제도조사』는 1937년까지 32년 동안 진행된 그와 같은 식민지 조사사업의 경과를 기록한 자료집인 것이다. 그 사업에는 당시 돈으로 "수십만 엔"의 거액이 투여되었는데, 이 목적은 조선을 '시급(時急)'하게 '법치국 체제'로 구성하기 위함이라고 했다.³ 한일합방 이후 조선총독부는 취조국을 설치하여 구한국 시절의 조사사업을 이어갔다. 1910년 10월 1일자로 시행되기 시작한 취조국의 초대 장관으로는 이시즈카 에이조(石塚英蔵)⁴가 임명되었다. 그 후 도서의 수집·보관과 더불어 계속 진행된 조사사업은 취조국→참사관실(→중추원)(→구관 및 제도조사위원회)→학무과→경성제국대학으로 점차 이관되거나 분산되며 이어졌다. 조사사업의 취지도 점차 "행정에 참고"될 만한 자료조사에 그

---

1 梅謙次郎에 관해서는 李英美의 『韓國司法制度と梅謙次郎』(法政大學出版局, 2005)를 참조.
2 그들이 담당한 조사항목은 다음과 같다. "1. 토지 제도 2. 친족 제도 3. 면 및 동 제도 4. 종교 및 사원 제도 5. 서방 및 향교 제도 6. 양반에 관한 제도 7. 사색(四色)의 기인(起因), 연역 및 정치·사회상에서의 세력관계 8. 사례(四禮)제도 9. 상민의 생활상태 10. 조선에서의 구빈제도 11. 조선에서 행해진 중요 구법전의 번역 12. 조선에서의 농가경제 13. 조선의 통치에 참고할만한 구미 각국의 속령지 및 식민지 제도연구 14. 옛 법전조사국에서의 조사 사항의 정리 15. 지방제도 16. 관계에 관한 구관 및 제도 17. 압록강 및 두만강에 관한 조사 18. 조선어사전의 편찬"(朝鮮總督府 中樞院 編, 『朝鮮舊慣制度調査』, 1938, pp. 13-14.)
3 朝鮮總督府 中樞院 編, 『朝鮮舊慣制度調査』, 1938, p. 2.
4 石塚英蔵는 1890년에 東京帝國大學 法科大學 政治學科를 졸업한 후 구韓國의 議政府 顧問官으로 초빙되는 것을 비롯해 臺灣總督府 參事官, 關東州民政長官 등을 역임하였다. 1907년에 韓國統監府 參事官이 된 후 1910년 10월 한국병합이 되자마자 朝鮮總督府 取調局 長官으로 임명되었다. 이후 1916년 寺內 내각의 추천에 의해 東洋拓殖株式會社 總裁가 되었다.

치지 않고 "전문적 학식이 있는 자를 촉탁으로 해서" 사업을 진행해 갔다. 이런 사업 이관의 경로나 성격의 변화 과정을 거치면서 관주도로 '조선에 관한 지식과 통계'가 구축되었던 것이다.[5] 관리와 공리(公吏)는 식민지 행정을 담당했던 그룹이었지만 그중 하급자들은 식민지 통치를 위한 조사 사업의 조력자 역할을 했다. 일례로 1912년 현재 취조국의 인적 구성만 봐도 취조국 장관 아래 서기관과 참사관 외에 속(屬)과 통역생, 그리고 "학식과 명망이 있는 조선인" 위원 등을 36명이나 두었는데, 이들은 도쿄나 교토의 두 제국대학 교수들을 정점으로 두고 이뤄진 조선에 관한 조사 사업에 있어 그것을 조력하는 모세혈관과 같은 위치에 있었다.

그런데 이런 관주도의 조사 사업과는 별도로 일찍부터 조선에 건너와 '조선에 관한 지식'을 구성했던 그룹이 있었다. 그들은 『조선잡기』나 『조선왕국』과 같은 조선사정류를 발간하는 등 광범위한 활동을 전개했다. 그 대표적인 그룹이 바로 비(非)관학 출신자들에 의한 저널리즘이었다. 그런 비관학 출신의 많은 사람들이 관료나 공무원들과는 다른 경로를 통해 새로운 영토로 대거 이주하였는데, 그 시기도 대개 러일전쟁 이후였다. 러일전쟁을 전후로 재조일본인이 "점차 내륙 각지에 파급되어 특히 보호정치 확립 후에 현저하게 그 수가 증가"[6]했는데, 그러한 '도한자(渡韓者)'의 인구 이동에 따라 인쇄 매체도 급증하기 시작했다. 다시 말해 당시는 조선에서 자신들의 커뮤니티 혹은 자기동일성을 기반으로 한

---

5 이 부분과 관련한 좀더 자세한 내용은 박광현, 「재조선(在朝鮮) 일본인 지식 사회 연구」(『일본학연구』 19집, 단국대 일본연구소, 2006), pp.121-124 참조.
6 朝鮮總督府, 『朝鮮に於ける內地人』, 1923, p.1. 러일전쟁기는 재조일본인의 기원에 관한 회고에서 대개 중요한 전환점이 되었던 시기였다.

잡지나 신문 등의 매체를 통해 스스로를 표현하고자 했던 욕망을 적극적으로 드러내기 시작한 시기였다. 1905년부터 1910년 사이에 이미 '내지인'에 의해 발행된 일본어 신문이 40여 종이나 존재했다. 특히 1910년 당시 직업 통계를 보면 조선에 거주하는 171,543명의 일본인 중에서 관리와 공리가 각각 22,931명과 3,376명이었으며, 기자는 447명이었다.[7] 이 숫자로만 보아도 조선에 관한 '지'의 구축 과정에 민간 저널리스트들이 얼마나 중요한 역할을 하였는지를 짐작할 수 있다. 그들은 대개 조선 각지에 존재했던 거류민단의 정치력을 배경으로 각종 언론 매체를 중심으로 활동하던 세력이었다.

『조선만화』의 공저자인 우스다 잔운(薄田斬雲)과 도리고에 세이키(鳥越靜岐)는 바로 그러한 범주에 속하는 인물이었다. 우스다는 도쿄전문학교(지금의 와세다대) 출신이며, 도리고에의 경우는 일본미술원 출신으로서 둘 다 『경성일보』나 잡지 『조선』 등에서 주로 활동한 저널리스트였다. 특히 부연하자면 도리고에는 만화저널리스트였다. 사토 도신(佐藤道信)에 따르면, 도리고에가 졸업한 일본미술원은 1898년에 개교하여 일본 미술, 즉 국민국가 미술의 성립 과정에 탄생한 교육기관이다. 그러나 일본미술원은 일명 '도쿄미술학교 소동' 때 '번벌(藩閥)정치'를 기반으로 한 구로다 세이키(黑田淸輝) 등에 밀려 도쿄미술학교에서 사직한 오카구라 덴신(岡倉天心) 등의 사직파가 체제 내 비주류의 위치에서 "재야정신"을 주창하며 설립한 전수학교였다.[8]

---

7 한기언 외, 『日帝의 文化侵奪史』, 玄音社, 1982, pp.447-448.
8 佐藤道信, 『〈日本美術〉の誕生』, 講談社, 1996, pp.169-170. 그러나 佐藤는 도쿄제국대학 출신이자 문무성 관리였던 天心의 경력에서 알 수 있듯이 결코 일본미술원이 "순연한 재야"(p.170)는

그 일본미술원을 졸업한 도리고에는 100여 년 전 스물두 살의 나이로 '합방' 직전의 조선에 건너왔다. 이 화가의 도한(渡韓) 시점은 정확히 확인되지 않는다. 대략 통감부가 1906년 9월에 『한성신보』와 『대동신보』를 매수하여 기관지로 『경성일보(京城日報)』를 창간한 즈음으로 추측된다. 그는 오카야마(岡山) 출신으로서 『세계동물담화(世界動物譚話) 신이솝우화(新イソップ物語)』(다카기 도시오〔高木敏雄〕, 宝文館, 1882)에 삽화를 그린 구로사키 슈사이(黒崎修斎)에게서 판화를 배웠으며, 경성의 『경성일보』나 잡지 『조선』을 비롯해 『도쿄니치니치신문(東京日日新聞)』, 『오사카아사히신문(大阪朝日新聞)』에서 만화나 유머소설의 삽화를 그렸다. 그가 만화저널리스트로서 활동을 시작한 곳이 바로 조선이라 해도 무방하다. 그런 점에서 『조선만화』의 특징은 한 만화가가 당시 조선을 어떻게 그렸는가에만 있지 않다. 그보다 더 중요한 것은 본국 일본에서 일명 '조선 붐'이 일고 있던 과정 중에 생산된 담론과 표상에 대해서 그 만화들이 어떻게 그것들과 조선을 차이화해서 보여주었는가에 있다고 할 수 있다. 또한 그것은 이후에도 도한(渡韓)한 (재조선) 저널리스트들이 만들어낸 조선에 관한 지식, 표상, 인식과 정서 등의 계보 중 중요한 문제 요소가 되었다.

아니었다고 밝히면서 대중적 지지를 획득하기 위한 전략의 차원에서 주장한 것이 바로 "재야정신"이었다고 부연하고 있다.

2. 동시기 일한서방(日韓書房)의 간행서들

춘원 이광수의 소설 『무정』(1917)을 보면, 경성학교 영어 교사 이형식이 "책을 사는 버릇이 있어 매삭 월급을 타는 날에는 반드시 일한서방에 가거나, 동경 마루젠 같은 책사에 사오 원을 없이 하여 자기의 책장에 금자 박힌 것이 붙는 것을 유일의 재미로 여"[9](강조-인용자)긴다는 서술이 나온다. 이는 조선의 일본인 경영 서점이 '외지'로 이주한 재조일본인들뿐만 아니라 신지식과 문명개화에 목마른 당대 조선 지식인에게도 원하는 서적을 구입할 수 있는 취미의 공간이자 문화공간이었음을 보여주는 대목이다.

『무정』의 인용문 중 방점을 찍은 일한서방은 모리야마 요시오(森山美夫)가 1906년에 창립한 서점이다. 모리야마는 1881년생으로 도쿄(東京) 출신이고, 와세다(早稲田)대학을 졸업한 후 1906년 9월, 26세의 나이로 조선에 건너왔다. 그는 한성부에 오자마자 이후 재경일본인들의 집단 거주지인 진고개(현 충무로)에 영업소를 차리고 서적판매업을 개시하였다. 그는

---

9 이광수, 「無情」 『이광수전집』1권, 삼중당, 1962, p.65.

1896년 4월 도쿄에서 도분칸(同文館) 출판사를 창업한 모리야마 아키라노죠(森山章之丞)의 친동생이었다.[10] 메이지(明治) 시기부터 다이쇼(大正) 시기에 걸쳐 하쿠분칸(博文館)과 더불어 일본의 유력한 출판사였던 도분칸[11]의 초창기 영업활동을 곁에서 지켜봤을 모리야마가 조선에 건너와 가장 먼저 착목한 사업이 서점이었다는 사실은 어쩌면 자연스러운 일인지 모른다.[12] 그의 서점은 창업 당초부터 호황을 누렸다.

> 그즈음 이곳(경성-인용자)은 외딴 섬과 같은 모습으로 무료함에 괴로워하고 쓸쓸함을 호소함에도 불구하고 오락기관 등은 하나도 없었기에 이 때 내 점포는 시의적절했다고나 할까, 크게 우리 내지인에게 환영받았다. 또한 그 당시 관리는 지갑이 두둑했기 때문에 비교적 고가(高價)의 것이 팔려, 지금 생각해보면 마치 꿈과 같았다.[13]

그는 일한서방이라는 서점을 기반으로 해서 잡지 『조선』을 비롯해 다수의 서적을 발간했다. 비록 소자본이기는 했지만, 영리 목적의 출판자본에 의한 서적 발행이 시작되었던 것이다. 그것은 당시 조선의 상황에서 보면 '일한서방의 주인' 모리야마가 일본 본국의 출판유통 관례를 조

---

10 『全国書籍商総覧』, 新聞之新聞社, 1935, p.6.
11 도분칸 출판사는 1896년 창업한 이래, 주로 교육, 역사, 종교, 경제, 상업 등의 전문서적을 간행한 출판사로 8대 사전을 발행하는 등 일본의 출판문화 향상에 일익을 담당했다. 1944년 기업정비령에 의해 산세이도(三省堂)에 통합되었지만, 전후 다시 독립하여 1958년 도분칸 출판주식회사로 사명을 변경하고 현재까지 출판영업을 계속하고 있다. 日本出版販賣弘報課, 『戰後의 20年 日本의 出版界』, 日本出版販賣, 1965 참조. 도분칸 출판사의 홈페이지 내 회사소개도 참조. http://www.dobunkan.co.jp/pub/guide/company.html (2011.06.03 검색)
12 신승모, 「조선의 일본인 경영 서점에 관한 시론」, 『일어일문학』 79집, 2011. 11, p.325.
13 森山美夫, 「朝鮮の出版及び讀書界」, 『朝鮮及滿洲』 第69號, 朝鮮雜誌社, 1913. 4, pp.166-167.

선에 실험한 새로운 시도였다고 할 수 있다.

그러한 구상은 모리야마가 조선의 독서 취향을 다음과 같이 판단한 데 연유했다.

> 조선 특유의 독서물은 특별히 없으나 식민지인 만큼 저절로 멀어진 취미라는 점도 없지는 않다. 각자가 식민지론이라도 나오면 곧바로 그것을 읽는 경향은 내지에서는 보이지 않는 점이다. 고바야시(小林) 박사의 식민지 재정론 등의 판매 경향은 대단했다.[14]

1913년 2월에 도쿄에서 출판된 '고바야시 박사', 즉 고바야시 우사부로(小林丑三郎)의 『식민지재정론(植民地財政論)』(有斐閣書房, 1913. 2)은 조선에서 발행된 것이 아니라 일본 본국에서 발행된 서적이다. 그 후 모리야마가 주목한 것은 조선에서 발행하는 식민지론 혹은 조선론이었다. 그 구상의 시작을 알리는 기획물들로는 『요보기(ヨボ記)』, 『암흑의 조선(暗黑なる朝鮮)』(이상 薄田斬雲), 『대원군전 한국최근외교사(大院君傳 韓國最近外交史)』(菊地謙讓), 『신선 한국지리(新選 韓國地理)』(日韓書房編輯部), 『한국풍속풍경사진첩(韓國風俗風景寫眞帖)』(1·2·3집, 日韓書房編輯部) 외에 다수의 경성 안내서가 있었고, 또 『조선만화』(薄田斬雲 글/鳥越靜岐 그림)도 그중 하나였다. 이것들은 모두 식민지 조선에 대해서 누구보다 잘 알고 있다는 자신들의 위치에서 기획된 '조선토산'의 출판물이었다. 이러한 기획은 두 가지 측면에서 자신들의 위치=동일성을 견지한 결과였다. 그 하나는 조선에서

14　森山美夫, 앞의 글, p.167.

살아가면서도 조선인을 대상화하고 타자화하는 방식을 통해 스스로가 일본인이라는 동일자 의식에 집착하는 것이고, 다른 한편으로는 재조일본인으로서 직접 만들어낸 '조선에 관한 지식'을 제국으로 향해 발신하려는 스스로의 위치를 강조한 것이라고 할 수 있겠다.

조선에 관한 서적을 주로 출간했던 일한서방 발행의 서적을 듀이십진분류표(D.D.C)에 따라 분류한 통계를 정리하면 아래와 같다.

[표1] 일한서방 서적 출판의 분야별 출판현황(1908~1920)[15]

분야	종수	비율	순위
총류	6	5.8	5
철학	0	0	9
종교	0	0	9
사회과학	22	21.1	2
순수과학	2	1.9	7
기술과학	6	5.8	5
예술	8	7.7	4
어학	18	17.3	3
문학	2	1.9	7
역사	40	38.5	1
합계	104	100	

15　신승모, 앞의 글, p.330.

그만큼 일한서방은 당시 조선의 출판문화에 중요한 역할을 하였다. 그렇다면 여기서는 한일 '합방' 직전의 출판물들이 어떤 것이 있었고, 또 그것들이 어떤 의도로 출판 기획된 것인지를 광고를 토대로 살펴보자. 먼저, 잡지 『조선』에 실린 『요보기(ヨボ記)』(薄田斬雲, 1909)의 광고를 보자.

이 책은 저자가 경성생활 1년 간에 주워 담은 조선토산이라고 볼 수 있는 것이다. "조선은 어떤 곳인가" 하는 것은 내지인에게 똑같이 드는 의문이다. 그에 대한 외형의 일반은 사진 등에 의해서 엿볼 수 있으나, 내면의 일반은 이 저서를 통해 알 수 있다. 요보기라 함은 조선인을 보통 요보라고 부르는 데서 고안한 것이다. 편중에 수록된 것은 「요보국」, 「달의 남산」, 「봉아(鳳兒)」, 「나의 조선 정월」, 「체한(滯韓) 1년」, 「珍粉韓話 경성잡기」, 「도한」. 그 외에도 저자는 이 책에서 생생한 조선의 일반을 세상에 소개하려 한다. 게다가 취미 있는 관찰의 붓을 든 점이다. 일변하여 조선생활의 진상을 목전에 전개시키고 있다. 폐방(弊房, 일한서방-옮긴이)은 이번에 저자에게 부탁하여 그것을 가련한 하나의 소책자로 만들고 널리 독자에게 권고(眷顧)해 줄 것을 바라는 바이다.

이 책에서 주목할 것은 역시 '요보'라는 제목이다. 광고에서 『요보기』라는 책 제목은 "조선인을 보통 '요보'라고 부르는 데서" 따왔다고 했듯이, 요보란 일본인들이 조선에 건너와 조선인들이 서로 '여보' 혹은 '여보시오'라고 부르는 것을 듣고 그들이 들은 그대로 표현한 조선 민중의 일반을 지칭하는 말이다. 하지만 광고에서는 "조선인을 보통 '요보'라고" 부른 것이 누구인지 하는 주어가 생략되어 있어 애매하다. 간혹 양반과 요보를 변별하여 쓰는 경우도 있었다. 만약 자신들 즉 일본인들이 그렇게 부른 데서 따온 것이라는 말이면, 언제부터 그렇게 부르게 되었는지 하는 연원을 찾아볼 필요가 있다. 여기서는 그 문제와 관련해서는 접어두겠지만, 일단 짐작할 수 있는 사실은 일본인들이 조선인을 요보라고 부르기 시작한 기원이 문헌에 의지하지 않고 실지(實地)의 조선을 경험하며 조선인 사이의 호칭을 '소리'로 듣고 난 이후일 것이라는 점이다. 그렇다면 우스다의 의도는 적어도 '조센진'(朝鮮人, 조선인)이나 한인(韓人) 등의 문헌적인 호칭이 아니라 생생한 현장에서 들리는 '소리' 중심으로 조선인을 호칭하여 기록하고자 했다고 볼 수 있다. 그러나 이 용어는 우스다도 이미 "'요보'란 '어이 어이' '여보시오 여보시오' 정도의 뜻으로 사람을 부르는 말이라고 했지만, 노모(老耄)라는 말에 어울리는 조선인의 대명사가 되어버리고 만 것이다. 백척간두로 한 발 더 나아가서 지금은 노모국(老耄國)이라 통용하는 시대가 되었다"[16]라고 하여, '老耄'(노모. 늙어 혼몽하다, 노망나다)라고 한자를 병용하고 있듯이 차별어로서의 의미도 지닌 말이 되어 버렸다.

---

16 薄田斬雲, 『ヨボ記』, 日韓書房, 1908, p.3.

실제로 『조선급만주』에는 '요보'라는 호칭과 관련한 흥미로운 논쟁이 게재되어 있다. 일본 유학을 한 법률학자이자 경성전수학교(京城專修學校)의 교유(敎諭)였던 조선인 석진형(石鎭衡)이 조선인 사이에서 일상적으로 사용되는 교제어가 일본인의 입을 통해 경멸의 의미를 띠게 되었다고 지적하며 그 사용의 자제를 부탁하자 『조선급만주』의 편집 겸 발행인인 샤쿠오 이쿠오(釋尾旭邦)가 다음과 같은 반론의 글을 싣는다.

> '요보'라는 말을 조선인을 가리키는 대명사로 사용할 경우, 또한 일본인을 요보라고 말하는 경우는 경멸, 조롱, 모욕의 의미를 담고 있는 것이 사실이다. 이러한 경우에 사용되는 '요보'라는 말은 불결, 파렴치, 비굴, 고식, 완루(頑陋), 존대(尊大), 음험, 면종(面從), 배매(背罵), 이상이 없고 희망이 없고 조수(操守)없다는 의미를 포함하고 있다. (중략) 조선인이 만약 이와 같은 훌륭한 인간이라면 '요보'라는 말은 결코 모욕적으로 들리지 않을 것이며 명예있는 경어로서 들릴 것임은 자명하다. 그런데 지금 '요보'라는 말을 일본인의 입에서 들으면 불유쾌를 느낀다고 한다면 즉 '요보' 자체의 호칭이 모욕적인 것이 아니라 조선인 자신이 불유쾌하고 모욕적으로 느끼기 때문이다. (중략) 석군과 같은 자가 과연 일본인의 조선인에 대한 태도가 불편하다면 일본인에게 반성을 구하기보다는 우선 조선인을 편달, 격려하여 그 심성을 도야하고 그 오속야습(汚俗野習)을 개선하고 그 백성을 문명화하고 그 사회를 일본화하는데에 노력하라.[17]

---

17 旭邦生,「ヨボと呼ばるるを喜ばざる朝鮮人に寄語す」,『朝鮮及滿洲』 63호, 1912. 11.

'요보'라는 말은 이처럼 문헌에 의지하지 않은 실지 경험을 통해 획득한 조선인에 관한 호칭이지만, 그럼에도 '문명'의 반대어로서 차별적인 조선인의 이미지를 내포하고 있었다. 즉 '요보'가 차별어라기보다는 '야만'적인 조선인의 열등함으로 인해 차별어화되었다는 인식이 전제되어 있는 셈이다.

염상섭의 소설 『만세전』을 보자. 김천 큰형님으로부터 처가 위급하다는 전보를 받은 『만세전』의 화자 이인화는 도쿄에서부터 시모노세키로의 긴 여정 끝에 부관연락선에 오른다. 연락선에 오르기 전, 이미 한차례 인버네스를 입은 낯선 친구에게 국적이 어디냐, 본적이 어디냐 하는 모욕적인 대우를 받은 그는 연락선에 승선하자마자 목욕탕으로 향한다. 목욕탕에는 그에 앞서 이미 삼사인의 욕객이 욕탕 속에 자리를 잡고 있었다. 한 사람은 시골서 갓 올라온 농군인 듯한 자, 한 사람은 상인인 듯한 동행자, 나머지 한 사람은 빚놀이쟁이의 거간이거나 그 따위 종류로 보이는 자였다. 우연히 이들 세 사람의 대화를 엿듣게 된 이인화는 주로 거간꾼의 입을 통해 전달되는 '조선인'의 묘사를 듣게 된다. 그는 "그럭저럭 오륙년이나 '요보' 틈에서" 지낸 자로 조선 사람들이 어떠냐는 상인의 질문에 "요보 말씀이에요? 젊은 놈들은 그래도 제법들이지마는, 촌에 들어가면 대만(臺灣)의 생번(生蕃)보다는 낫다면 나을까. 인제 가서 보슈……하하하."라는 모욕적인 답변을 듣는다. '대만의 생번'이라는 말에 이인화를 제외한 욕탕의 모든 사람들이 비웃지만, 이인화는 이에 대해 한편으로는 반감을, 또 다른 한편으로는 "독약이 고구(苦口)나 이어병(利於病)"이라는 식으로 조선 민족의 자각을 촉구하는 대립된 감정을 느낀다. 교화되지 않은 야만인, 더 정확하게는 대만의 고사족 가운데 야생적인 생활을 하던 번족을 일본인이 차별화해 부르던 명칭인 '생번'과 비교되고 있는 '요보'는 일본인 거간꾼에게 조선인 일반을 지칭하는 용어였다.

식민지 시기의 민족계 신문들에게는 "가위 염라대왕과 같은 위인"[18]이었다는 검열관 니시무라 신타로(西村眞太郎)도 1923년에 이미 '요보'라는 말을 "내지인은 그것을 무의식적으로 별 뜻 없이 사용하는 것인지 모르지만, 무견식(無見識)의 말이며 신사나 숙녀는 입에 담아서는 안 될" 말이니, 굳이 쓴다면 '여보쇼'라는 존경어를 써야 한다고 지적한 바 있다.[19]

그 다음 『요보기』의 광고에서 주목할 것은 "조선은 어떤 곳인가" 하는 물음에 대해 그 답을 찾는 저자의 자기동일성을 표현한 '조선토산'이라는 말과 "생생한 조선의 일반"이라는 말일 것이다. 조선에 대해서 누구보다 잘 알고 있다는 자신들의 위치에서 저자는 조선인의 "내면의 일반"을 그리고 있다고 자부한 것이다.

그 다음은 『암흑의 조선』(薄田斬雲, 1908)을 보자.

> 종래 한국 사정이라든지 한국의 이면이라는 종류의 책자가 몇 차례 출판되었지만, 대개는 이면 이상에 도달하고 있지 않다. 본서는 거류지에 살며 매일 '요보'(여보-옮긴이)나 '총가'(총각-옮긴이)를 눈으로 보고 한인 거리의 어디어디에 무엇이 있고, 어디어디에는 어떤 물건을 팔고 있는지 하는 것을 귀로 들어 한두 차례는 친히 발길을 한인 거리

---

18 김을한, 「日帝의 南綿北羊·産金政策의 內幕」, 『言論秘話50篇 — 元老記者들의 直筆手記』, 한국신문연구소, 1978, pp.31-34.
19 西村眞太郎, 『朝鮮の俤』, 警察協會, 1923, p.12.

로 들어놓아 이곳저곳을 건물하고 있는 사람들도 쉽게 이해할 수 없는 한국의 암흑면이라고 할 만한 사정을 수집한 것이다. 재료는 친히 한인에게 있어서 혹은 저자의 지인들이 실지 견문한 한인 상류, 하류의 생활 상태, 미신 요괴 등에 관한 것, 심지어는 궁정 내의 사정, 그 외 모든 인정 풍속을 망라하고 거기에 한인 사이의 이

가(俚歌)나 속요, 그리고 최근의 유행가 등을 첨가한 것이다. 독자는 이 책을 통해 간지러운 곳에 손이 닿는 듯한 세세한 점까지 한인의 내정(內情)을 알 수 있을 것이다.

이 책의 저자 우스다는 서문에서 "이 책은 저자인지 편자인지 알 수 없다. 타인의 기록에서 발췌한 곳도 있을 것이다"라며 책의 구성상 성격을 밝히고 있다. 그러면서 제목을 '암흑의 조선'이라 한 것에 대해서 이 책은 "조선의 암흑면을 향해 성냥불 하나를" 던진 것에 불과하다며 '알 수 없는' 혹은 '이해할 수 없는' 조선의 의미로 쓰고 있음을 밝히고 있다. 더불어 그것은 암흑과 같은 미개의 조선 사정이라는 의미와 함께 양의적으로 쓰인 것임은 물론이다. 그는 서문에서 이렇게 덧붙인다. "만약 횃불(炬火)을 던지려 했다면 아마도 이 책에 기재된 각 항목이 각 천 페이지나 하는 대책(大冊)이 필요할 것"이라고.

『한국풍속풍경사진첩(韓國風俗風景寫眞帖)』(1·2·3輯, 日韓書房編輯部)은

"이 책을 여는 순간 앉아서 한국 땅에서 노는 듯한 감"을 느낄 것이라든 가, "조선토산으로서 본서보다 뛰어난 것은 없다"는 광고 카피를 쓰고 있다. 출간한 지 1년만에 3만 부가 팔렸다고 한다. 여기에는 광고면에 나와 있는 사진의 목록을 적어둔다.

1권: 경성 갑－(경복궁) 근정전, 광화문, (창덕궁) 돈화문, (남별궁) 원구단, 독립문, 독립관, 장충단, 수사영, (파고다공원) 龜及蠟石塔, 남대문, 종로, 경성시가 전경

경성 을－통감부, 통감 저택, 군사령부, 이사청(理事廳), 통신관리국, 용산철도관리국관사, 용산철도관리국관사, 남대문 정거장, 용산인쇄국, 경성우편전신국, 본원사(本願寺), 경성심상고등소학교, 경성혼마치통

2권: ●황국 황제와 현 내각대신 ●문관의 성장(盛裝) 및 기생의 성장 ●부인의 간의(看衣) 및 평양부인의 외출 모습 ●평양기생학교 생도 ●行幸 및 한국군악대 ●경성의 전차 및 대구의 大市 ●물 긷는 여인 및 방아찧는 여인 ●한인 가족 및 아동의 독서 ●계룡산 갑사의 불상 및 불전의 공물 ●생선가게, 농기구가게, 담배가게 및 잡화점 ●한강 얼음 채집 및 홍두깨 제조 ●고황태자비의 장례 및 한국 승려 ●경성이사청 및 경성우편국 ●남산기념비 및 통감부 ●남산 혼간지(本願

寺) 및 북문 밖 수불(水佛) ●남산통감부 및 군사령부 ●세검정 및 노인정 ●대원군의 능 및 별장 ●신왕성 및 개성 충신지비 ●용산 및 마포 ●인천항 시가 및 팔판(八阪)공원 ●인천항 전경 ●부산일본거류지 및 혼마치통 ●부산 잔교(棧橋) 및 파지장 ●군산항 평경(平景) ●초량 원경 및 밀양의 소수(疎水) ●마산포 거류지 및 대구시가 ●진남포 원경 및 목포 원경 ●원산시가 및 원산 이사청 ●경성박람회 회장 및 남산 축하회 ● 통신관리국 및 남대문 정거장

3권: ●제복의 한국 황제 태황제 황태자 전하 ●최근 동경 유학 중의 황태자 전하 ●한국 순검과 그 파출소 및 황물(荒物) 상인 ●한강 빙상의 잉어낚시 및 뱅어낚시 ●용산 구(舊)수사영의 단퇴(斷堆)에서 경빙한 한강을 보다 ●물장수가게와 실가게의 풍경 ●경성독립관 ●경성의 불란서교회 ●경성훈련원의 일부 ●경성근교의 겨울 ●경성 한수석귀지비 ●용산 대원군의 묘지 ●압록강 빙상의 도선(渡船) ●경성 군 사령부 전경 ●전사자의 장의 ●경성북문 가도 ●원산 혼마치통 ●원산 시가 그 하나, 그 둘 ●평양 시가 ●평양 부근 그 하나 ●평양 부근 그 둘 ●수원 그 하나 ●수원 그 둘 ●수원 그 셋 ●수원 그 넷 ●구왕성 경복궁 내부 그 하나(玉庫) ●구왕성 경복궁 내부 그 둘, 그 셋, 그 넷, 그 다섯 ●독립문 앞 한동(韓童) ●경성 종로의 큰길

그 외에도 『대원군전 한국최근외교사』(菊地謙讓), 『신선 한국지리』(日韓書房編輯部), 『한국풍속인정기』(上邸正己) 등이 있었다. 이것들은 모두 식민지에서 기획된 '조선토산'의 출판물이었다. 이러한 기획은 두 가지 측면에서 자신들의 위치=동일성을 견지한 결과였다. 그 하나는 조선에서

살아가면서도 조선인을 대상화하고 타자화하는 방식을 통해 스스로가 일본인이라는 동일자 의식에 집착하는 것이고, 다른 한편으로는 재조일본인으로서 직접 만들어낸 '조선에 관한 지'를 제국으로 향해 발신하려는 스스로의 위치를 강조한 것이라고 할 수 있겠다.

3. '만화'로 보는 조선

3.1. 『요보기(ヨボ記)』의 삽화

우스다 잔운의 『요보기』(일한서방, 1908)는 모두 9장으로 구성된 조선생활의 기록이다. 『조선만화』보다 앞서 발행된 이 책에도 도리고에의 그림이 실려 있다. 하지만 그것을 만화가 아니라 삽화라 불렀다. 목차에는 '삽화 및 컷 도리고에 세이키(揷畵及カット 鳥越靜岐)'라고 적혀 있다. 표지는 고스기 미세(小杉未醒) 즉 고스기 호안(小杉放庵, 1881~1964)이 그렸다. 표지만을 그린 고스기는 서양화가로서 러일전쟁 때 잡지 『근사화보(近事画報)』의 종군기자로 파견되어 박진감 넘치는 전투화(戰鬪画)와 유머러스한 만화적인 그림 등으로 잡지의 큰 인기에 공헌했던 인물이다. 1908년에는 그도 우스다나 도리고에와 함께 조선에 있었던 것으로 짐작된다. 이 세 사람의 공동작업으로 볼 수 있는 『요보기』에서 도리고에의 그림은 『조선만화』와는 전혀 다른 방식으로 글과 관계를 맺고 있다. 요컨대 장식화 즉 컷을 제외하고는 모두 9매의 삽화가 수록되어 있는데, 그 삽화들은 글의 각 장의 맨 앞에 배치되어 각 장의 글 내용을 해석한 듯 그려져 있다.

그럼, 각 장의 삽화와 글의 도입부를 보자.

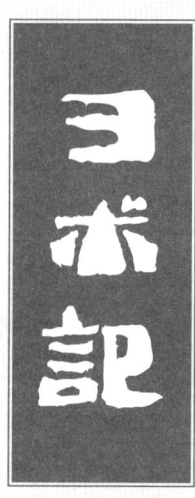

요보국(老耄國)

겉보기에는 멀쩡하지만 급조한 서양식에 흰색 페인트로 눈가림한 커다란 상점이 남북 양쪽으로 처마를 늘어뜨리고 있다. 폭은 세 칸(間)도 되지 않는 요철 가로(街路)에 낮에도 어두운 기운이 밀려드는 한국 경성의 일본인 거리 혼마치(本町)통. 고후쿠(呉服, 기모노 소재의 직물-인용자), 잡화, 양주, 도자기, 가구(什器) 등 신개척지 취향의 위조품을 천박하나 요령 좋게 각자의 점포 앞에 진열해 내놓았다. 축음기의 음색이 이상하게 시끄러운 활기에 완전히 정신을 빼앗긴 채 무거운 짐을 짊어진 것도 잊고, 긴 장죽을 물고서 도취되어 있는 한인들에게 그 더러운 옷차림으로 오가는 길을 방해하지 말라며 "요보"라고 큰소리로 화를 내자, 흙빛으로 물든 흰 바지저고리 모습의 한인들은 "아이고" 하며 당황해 겁먹은 눈으로 돌아본다. 요보들이 길을 내준다. 키 작은 일본인이 검은색 옷의 예리한 모습으로 쏜살같이 그 사이를 빠져나간다.(『ヨボ記』, p.1-2)

위의 인용문은 화자 즉 우스다가 조선에 건너와 느낀 첫인상처럼 읽힌다. 혼마치 일본인 거리는 신개척지 취향으로 '내지'(=일본)의 거리를 '위조'한 것과 같지만 거기 사는 일본인들의 기세는 대단하다. 일본인과 조선인의 위계가 전경화되어 거리의 풍경이 그려져 있다. 제1장의 제목은 '요보국(老耄國)'이다. 우스다는 책의 본문에서 '요보'란 "노모(老耄)라는 말에 어울리는 조선인의 대명사"[1]라고 했다. '老耄'(노모. 늙어 혼몽하다, 노망

---

1 薄田斬雲, 『ヨボ記』, 日韓書房, 1908, p.3. 이하 본문의 인용은 쪽수만 표기한다.

나다)라고 한자로 표기한 이 제목에서 알 수 있듯, 이 책은 '요보국' 즉 '노모국'에서의 자신의 생활상을 담은 것이다. 그런데 왜 '요보국(老耄國)'이라는 제목에 한복을 입은 조선 여인의 삽화를 그려 넣었을까. 그것은 물론 주지하다시피 조선을 여자 혹은 기생으로 표상하는 인식에서 비롯된 것이라 할 수 있다. 이 삽화에 어울리는 대목을 인용해보자.

조선의 예창기(藝娼妓)는 모두 서방이 있으며 〈중략〉 총체적으로 기생이라 부르는데, 궁정에 있는 자는 관기(官妓)이며 그 외는 모두 매춘부이다. 이렇게 요보(老耄)의 아낙네는 서방을 부양할 업을 지닌 동시에 자기가 정을 주는 사이에 남편은 자기 처의 색(色)을 판 돈으로 다른 아낙네를 산다. 요보들은 이렇게 해서 남녀의 성욕문제를 완전하게 해결하고 있다.(『ヨボ記』, p.22)

남산등림(南山登臨)

한 낮에 남산을 올랐다.

천지가 안개 자욱하고 망망한 한강의 물줄기는 운산(雲山) 100리의 끝으로 사라져간다. 양춘(陽春)이 나무에, 풀에, 지붕에 골고루 퍼진 덕택으로 경성의 모든 거리가 눈앞에 펼쳐져 있다.

높은 곳에 올라 천하가 작다는 것을 모르는 자는 없다. 우리는 일국의 제왕이자, 백만창생(百萬蒼生)의 주인이라고 스스로 참칭하여 병마(兵馬)를 거느리는 권력을 쥐고 궁궐을 지은 자도 지금은 우리의 발밑의 흑점이 되었다.(『ヨボ記』, pp.41~42)

이 인용문은 남산에서 내려다본 경성의 풍경이다. "발밑의 흑점"이 되어버린 조선의 왕을 상상하는 제국주의적 욕망이 무섭기까지 하다. 하지만 이 삽화는 북한산의 어딘가 능선에서 바라본 남산의 모습이다. 삽화의 하단에는 궁궐의 누각이 보이고 또 멀리는 성당이 보이는 듯하다.

봉아(鳳兒)

봉아란 장차 큰 인물이 될 만한 소년을 비유적으로 이르는 말이다.

충청남도 한산의 기슭에 지호(芝湖)라고 불리는 늪이 있다. 달밤에는 배를 띄우고 아리랑(원문에는 아라란 アララン이라고 표기) 노래를 부르는 마을 사람들이 많다. 일주(一周) 30리나 되고 산기슭에 조용히 잠이 든 수면(水面)은 평화로운 광경이다. 어머니가 봉추(鳳雛-봉황의 새끼)로 만든 국을 먹은 것으로 보아 아직 잉태하지도 않았는데, 이 지호의 연안에 있는 작은 촌락에 장자로 태어나 천봉이라고 부르는 빼어난 수재가 나왔다. 약관의 나이에 향관(鄕關)의 신동이라고 불리고 17세가 되어서는 논어, 맹자, 대학, 중용을 읊는 것, 주머니에 물건을 집어넣듯 일향(一鄕)의 어른들로 하여금 후생이 두려울만하다고 경탄을 받았다.(『ヨボ記』, pp.41-42)

이 '봉아(鳳兒)'라는 제목의 3장은 그런 천봉이라는 시골 수재라던 조선 소년을 그리고 있다. 하지만 내용은 천봉이 고향을 떠나 경성의 문명을 고생고생하고 경험하다가 부모의 곁으로 돌아왔다는 이야기이다. 고향으로 돌아온 그가 경성의 주인이 써준 글을 읽으며 끝난다. "봉(鳳)은 평범한 새이다. 너도 단지 바보 새이다. 너의 향리로 돌아가 평범하게 생을 마치는 것이 하늘의 뜻이란다. 아이고."(p.82)라고. 이 천붕이라는 소년은 2장에서도 등장하는데, 거기에서는 경성 거리에서 일본인에게 구걸하듯 일본어를 가르쳐달라고 쫓아다니는 인물로 그려져 있다. 일본인이 "왜 일본어를 배우려 하느냐"고 물으니, "귀국(貴國)에 건너가 넓은 세계의 지식을 구하고 천하를 구제하고자" 한다고 대답하는 인물이다. 그래서 어린 애가 전도유망하다고 감동한 한 일본인이 데리고 있으려 했으나, 하루만에 사람들에게 거짓말을 늘어놓고 고향으로 돌아갔다고 한다. 천붕이라는 소년은 '미숙한' 조선의 표상으로 그려져 있는 것이다.

딸 에후의 귀국(葉ちゃんの帰国)

이 삽화는 이 책에서 유일하게 그려진 일본이다. 이 장의 서술은 딸 에후(葉)가 병이 나서 도쿄에 있는 본가에 맡기게 되었다는 내용이다. 아이의 말투로 "에후는 고향과 조선은 아주 좋아하기 때문에 언제든지 갈거야. 병원은 싫어."(pp.92~93)라고 하는 대목이나, 아이를 고향으로 보내기 위해 달래는 부정(父情)을 느낄 수 있는 대목은 애틋하기까지 하다. 그런 내용상으로 보아 도쿄에 있는 우스다의 본가인 듯하다. 그것을 그린 삽화인 것이다. 삽화는 일본식 목조 가옥에서 누워 잠든 아이를 바라보는 따뜻한 시선을 엿볼 수 있다. 또한 창밖으로 갈매기 나는 바다 풍경은 도쿄의 앞바다인 것이다.

나의 조선 정월

정월 초하루 이른 아침, 새로 나온 첫 차를 타고 째는 듯한 칼바람을 맞으면서 남대문 정거장 앞 광장에서 잔설이 군데군데 남은 남산의 위로 떠오르는 새해 첫 해를 보았다. 이것이 경성에서는 꽤 연기(緣起)가 좋은 일이다. 더럽고 덜컹덜컹 흔들리는 경성의 차는 모두 고베(神戶)나 오사카(大阪)식이다. 내리는 발판도 없고 덮개도 달려 있지 않다. 꼬리 없는 개와 같은 모양인데, 새해 아침 일찍부터 그것을 검은 기름종이에 싸인 곳에 누추하게 타고 돌아다니는 일이라니. 전혀 새해 축하도 하고 싶지 않다.(『ヨボ記』, pp.41~42)

이 삽화는 새해 첫 태양이 솟아오르는 분위기를 뚜렷하게 전달한다. 삽화 속 풍경으로 보아서는 4대문 바깥으로 보이는데, 아마도 남산에서 지금의 뚝섬 쪽으로 시선이 향해 있는 듯하다. 이 장의 서술은 정월 초하루 경성의 "10리도 채 되지 않는 시가"(p.110)를 돌며 그 낯선 풍경에 관한 단상을 늘어놓듯 짧게 기술한 내용으로 채워져 있다.

경성의 일 년

『조선』 창간호(1908. 3)의 수록 만화

이 장의 서술에서는 이 삽화에 해당하는 내용을 찾아볼 수 없다. 경성에서 생활한 일 년 동안 다섯 번의 이사를 한 내용이 기술되어 있는데, 도리고에나 우스다는 그것을 경성 혹은 조선의 대표 풍물인 노인이 물고 있는 긴 장죽으로 대신 표현했다. 『조선만화』 속 「온돌의 독거」라는 제목의 만화도 그렇지만, 진기한 모습의 노인은 당시 그들이 생각했던 '낡은 조선'을 표상하는 듯하다. 이처럼 '낡은 조선'을 그린 만화로 더 노골적인 것은 잡지 『조선』의 창간호(1908. 3)에도 실려 있다. 거기에서는 전신주가 늘어선 신작로를 걸어가는 행인들을 후경으로 하여, 상투를 튼 한복 차림에 곰방대를 한 손에 들고 나막신을 신은 채 진고개(泥峴)와 같은 길을 구부정

한 걸음으로 걸어가는 조선 노인이 전경화되어 있다. 그 걸음걸이는 불편하기 짝이 없어 보이는데, 우측 상단에 "古ノ鮮(낡은 조선)"이라는 제목이 삽입되어 있다. 이 삽화에서 전신주를 따라 등을 보이며 걸어가는 다른 행인들과 반대 방향으로 걸어가는 이 전경화된 조선 노인은 오히려 근대화에 역행하는 모습의 조선 자체를 연상시킨다.

경성잡기(京城雜記)

이 장의 서술은 경성에 와서 처음으로 맞이하는 일요일의 일상에서부터 시작된다. 그리고 세검정—동문(東門) 밖의 선경(仙境)—별의 호수(星の湖)[2]—한인의 정월—여름의 진고개(塵紅街) 등의 소제목을 붙인 글들로 이어져 있다. 이 삽화에 해당하는 부분은 곳곳에서 찾아볼 수 있는데, 꼭 경성의 어느 한 곳을 지정할 수 없는 장면이다. 아침에 "일찍 일어나 아침시장에 가고 오후에는 왕성(王城)을 보러간다"(p.134)는 경성에서 맞이한 첫 일요일을 나름대로 의미 있게 보내기 위해 꾸몄다는 전략을 기술한 부분에서도 보인다. 즉 궁궐의 주변 풍경일 수도 있다. 또, "남대문 안의 거리는 대단히 넓다. 동쪽을 전차가 달리고 오른쪽에 장이 서며 그 중간은 사람의 왕래에 불편함을 느끼

---

[2] '별의 호수(星の湖)'라는 제목은 구체적인 지명이 아니라, 남산에서 내려다보는 야경이 "현세를 벗어나 천상에서 바라보는 기분, 직경 10리의 산중(山中) 호수에 몇 천 개의 별들이 침잠한 듯한 경치"(p.166)를 빗대어 붙인 제목이다.

지 않는다"(p.139)는 표현이나, "이것저것 희한한 조선 거리를 보면서 경복궁 성곽을 따라 왼쪽으로 걸어간다"(151쪽) 등의 표현이 보이는데, 이 삽화는 궁궐을 중심으로 한 그 주변의 어느 풍경으로 여겨진다. '별의 호수(星の湖)'라는 소제목의 글에서 "경성도 우리 거류지의 혼마치 거리는 대단히 번화하지만 한인의 거리에 들어서면 쓸쓸하다"(p.165)는 표현이 보이는데, 그러한 감정이 담겨진 삽화처럼도 읽힌다.

도한(渡韓)

이 장은 '도한 안내'라고 할 수 있다. 도한을 위해 필요한 정보 전달에 치중해 있다. 도쿄에서 경성으로 오는 배편이나 차편 등은 물론 "경성에서 가장 고가인 것은 집값으로, 그것은 도쿄의 배 이상"(p.185)이라는 식의 정보까지 기술하고 있다. 그러면서도 경성에 대한 친근감을 표현하고 있는데, "경성의 생활은 중심이 되는 사람이 도쿄 출신이 많기 때문에 상인은 오사카식이라도 일체의 풍습은 도쿄풍이다. 경성은 춥거나 덥거나 그렇게 분명하게 양분되어 있는, 엄격할 정도로 제2의 도쿄라고 생각하면 틀림없다."(p.199)고 설명하고 있다. 그런데 흥미로운 것은 이 삽화 속의 시선이다. 이 삽화는 지게를 짊어진 채 긴 장죽을 물고 있는 조선 노인이 너울대는 바다 건너편에 있는 섬이 그려져 있는 또 다른 프레임을 바라보는 그림이다. 그 섬이 조선일까 일본일까도 애매하다. 그 노인의 모습에서 난망함마저 느껴진다. 따라서 그 난망한 조선 노인의 시선 뒤에 일본인의 또 다른 시선이 감춰져 있는 것이다. 『조선만화』도 그렇지만, 이 책의 삽화에서도 그 프레임

안에는 일본인이 존재하지 않는다. 그 바깥에서 시선으로만 존재할 뿐이다.

진분한화(珍粉韓話)

이 책의 마지막 장이기도 한 여기에는 제목 그대로 조선의 정치, 사회, 문화에 걸친 다양한 소재가 기술되어 있다. 그리고 뭔가에 놀라 쓰러진 노인의 장죽에서 뿜어 나오는 연기에 말의 형상이라는 이 괴이한 삽화는 이 장의 첫 페이지의 일화, 즉 "고래의 지나(支那)풍"의 이야기를 그린 것이다.

나라가 늙어 노망이 들면(老耄) 반드시 괴이한 고래의 지나(支那)풍의 이야기를 현실에서 목격한다. 한국 궁내대신 이윤용(李允用) 씨가 작년 아직 평리원장(平理院長)³의 직에 있을 때의 일이다. 그 집의 하녀가 뒤뜰의 우물 주변에서 커다란 대야를 가지고 물을 가득 퍼 담아 주인의 옷을 세탁하고 있자, 갑자기 동남풍이 나뭇가지를 스쳐 우물 주변으로 불어오는 것을 보는 사이에, 대야

---

3 1899년에 설치된 우리나라 최초의 실질적인 상급법원이자 상소심 재판소이다. 그외에도 국왕의 특명으로 부과된 사건과 칙임관과 주임관의 구금심판을 관장했다. 이완용의 형이기도 한 이윤용은 이 글이 쓰인 당시는 궁내부대신이었으나 평리원장을 역임한 바 있다.

의 물이 부글부글 들끓기 시작했다. 그래서 하녀는 급하게 소매를 감추고 비명을 지르는 소리에 집안의 사람들이 놀라 소동을 폈다. 온돌에서 뛰어나와 이씨를 선두로 해서 대야가 있는 곳으로 가보니, 거기에는 괴상하게 들끓고 있는 거품 안에 망(亡)이라는 글자가 역력하게 드러났기 때문에, 단순한 일이 아니고 이것이 혹시 망국의 징조가 아닐까 하고 경성 아동들 사이에서 소문이 자자하다. 배일당(排日黨)은 연대(椽大)한 붓(椽大の筆)[4]을 휘둘러 이 일을 팔도에 격문을 돌렸다고 한다.(『ヨボ記』, pp. 201-202)

이상과 같이 9매의 삽화와 함께 각 장의 도입부에 그와는 별도의 작은 삽화를 각각 그려넣고 있다. 『요보기(ヨボ記)』도 단순한 서술 부분만의 텍스트로 보아서는 안 되는 이유가 여기에 있다. 『조선만화』처럼 각 글과 그에 해당하는 삽화와의 관계나 삽화 자체만 두고 분석하는 시도가 필요하다. 하지만 이 책에서의 글과 삽화의 관계가 『조선만화』와는 분명한 차이를 보여주고 있다. 즉 글이 우선하고 그 다음에 그림이 그려졌던 것이다. 『요보기』에서의 두 사람의 이러한 시도가 조선 최초의 만화 텍스트인 『조선만화』라는 새로운 시도를 가능케 했던 것이라고 하겠다.

---

[4] 『진서(晉書)』에 나오는 비유로 진의 왕순(王珣)이 커다란 붓을 받는 꿈을 꾸고, 대문장을 쓸 징조라고 생각했다는 데서 유래한 말. 즉 뛰어난 문장을 일컫는 말.

3.2. 잡지『조선』에 실린 도리고에의 만화

(1) '경성 낭인' 시사만화저널리스트

도리고에가 만화저널리스트로서의 활동을 전개했던 상황들을 잘 보여주는 공간은 이미 앞서도 언급했지만 바로 일한서방에서 발간한 잡지『조선』이었다. 1908년에 창간한 이후 이 잡지는 이미 내지에서는 국가주의가 팽배한 상황에서 식민지로 전이되어온 민권운동의 잔존 세력이라고 할만큼 꽤나 반행정·반관료적인 주장을 펼쳤다.[5] 그렇다고 해서 그들에게 국가주의가 부재했던 것은 아니다. 오히려 그들은 조선의 문명화가 국가적 사명이고 또 거기에 자신들의 공명심을 동일시하는 태도를 강조했다. 다만, 이미 관료화된 내지(內地)보다 자신들의 정치적 의식을 관철시킬 수 있는 여지가 남아 있는 식민지에서 그들은 민권, 즉 반관료적인

---

5 잡지『조선』편집진의 그러한 태도는 바로 旭邦의 글「排日思想と排韓思想(統監政治の副産物)」에서 잘 나타난다.(『朝鮮』, 1909. 5. pp.44-48)

그림1) 『조선』제6호(1908. 8) p.44
-요보(ヨボ)화된 일본 고등관-

그림2) 『조선』제6호(1908. 8) p.37
-통감 부재 중-

자신들의 정치적 입장을 강조한 것이라고 할 수 있다. 잡지『조선』의 편집자인 샤쿠오 슌조(釋尾春仿)는 '경성 낭인(浪人)'이라는 표현을 자주 쓰며, 조선은 "금권과 관권의 발호를 제어할" "낭인의 필권(筆權)과 설권(舌權), 그리고 헌책(獻策)"이 필요한데 자신들이 바로 "재한 20만의 재경 방인을 대표하여 통감부를 움직이는 저변의 인물" 즉 낭인이라고 했다.[6] 잡지『조선』은 일찍부터 관리와 상인을 희화화하거나 조롱하는 글들을 많

---

6 ヒマラヤ山人,「京城の我浪人界」,『朝鮮及滿洲』19호(1909. 9) p.58.

이 실고 있는데, 이 또한 그런 '낭인 의식'의 발로라고 할 수 있겠다. 그런 글들 중에 도리고에의 시사만화가 더불어 실렸다. 그 예를 들면 위와 같은 만화이다.

　도리고에가 잡지『조선』에 그린 시사만화의 경우는 재조일본인이나 관료 등이 자주 등장한다. 하지만 그 만화들은『조선만화』에서 배제되었다. 물론 그 이유는『조선만화』가 오로지 조선만을 대상으로 시각화하기 위해 기획된 것이기 때문이다.[7] 다시 말해,『조선만화』소재의 만화의 프레임 바깥에 존재하는 그의 시선은 문명의 시선이자 이미 권력화한 시선인 동시에 바로 제국 일본의 시선이 되었던 것이다. 그리고『조선만화』에 존재하는 'セイ' 혹은 'セイキ'라는 서명이 시사만화에는 없다. 그것은『조선만화』에 수록된 작품들이 특별한 의도에 따라 그려진 것임을 의미한다. 더구나 그 작품들이 잡지『조선』에 재수록된 것은 그 의미가 새롭게 재생산되는 과정이라고 할 수 있다.

---

[7] 『조선만화』에 실린 총 50편의 만화 중 '단단히 좋소'라는 제목의 작품에서만 조선 '갈보집'을 갔다 빠져나오려는 일본인으로 짐작되는 인물이 등장할 뿐이다.

그림3) 시사만화: 척식회사의 개시(『조선』 12호, 1909. 2. p.13)

위의 만화는 척식회사의 조선 진출을 앞두고 "식민지 경영의 지식과 경험이 결여되어 오로지 일본류의 잣대로 이 미개국(조선-인용자)과 식민지 개척자를 규율하게 되니 우사가와(宇佐川)[8] 총재는" 운운하며 재조일본인, 즉 거류민단의 입장에서 척식회사의 조선 진출에 대해서 비판과 충고를 건넨「시사평론」란에 실린 삽화이다. 이 만화는 '동척(東拓, 동양척식회사-인용자)총재'(왼쪽 다리에 글씨)가 칼과 곡괭이를 들고 가는 모습을 물끄러미 바라보는 닭, 즉 무기력한 조선을 그려놓고, '일본 통치 조심'

---

8 우사가와 가즈마사(宇佐川一正, 1849~1927)는 일본 육군 출신으로 귀족원 의원과 동양척식회사의 초대 총재를 지낸 인물이다.

이라는 제목을 붙이고 있다. 하지만 이와 같이「시사평론」란에 주로 실린 시사성 짙은 만화는 도리고에가 본국으로 돌아간 직후인 1909년 3월 호부터 사라진다. 간혹 그 자리를 대신하여 사진이 실리기도 하는데 그것은 위의 만화와 같이 역동적으로 사건에 대한 주장을 제대로 드러내기보다는 인물 사진과 같이 대단히 정적인 사진들이었다.

그런 점에서『조선만화』의 기획은 그가 조선에 남긴 마지막 문화번역의 성격을 지닌 것이라고 할 수 있겠다. 하지만 그 만화는 그가 조선을 떠난 후에도 잡지『조선』에서 시간이 정체된 대상으로서의 '조선'이라는 그림으로 계속 남아 있었다. 도리고에에게 이와 같은 경계를 넘어 이뤄낸 문화번역은 어찌 보면 문명인으로서의 자기 확인의 과정이었다고 봐야 할지 모른다.

근대 일본의 만화가 서구의 시사만화를 수용하면서 출발하였음은 한국에서도 이미 여러 논저들을 통해 소개되었다. 그 논저들을 통해, 자유민권운동기에 정부의 언론 탄압에 저항하면서 시사만화는 자유와 민권 사상을 대중적으로 전파하기 위해 권력에 대한 풍자 기능을 가장 강렬하게 발휘했다는 점을 확인할 수 있다.[9] 또한, 근대 일본 만화저널리즘의 발달과정을 살펴보면 서양 제국주의의 시선이 일본 사회에 내재되어 가는 과정을 알 수 있다고 지적한다.[10] 그렇게 볼 때 도리고에가 잡지『조

---

9   정현숙,『일본만화의 사회학』, 문학과 지성사, 2004, pp.108~109.; 한상일·한정선,『일본, 만화로 제국을 그리다』, 일조각, 2006, p.32.
10   한상일 외, 앞의 책, pp.31~32.

선』에서 그린 두 종류의 그림 즉 1)문명(=제국주의)의 시선으로 바라보는 야만의 조선을 만화로 그리고 2) 조선 거류민의 입장에서 자유와 민권, 이익을 대변하는 시사만화를 그린 것은 일본 시사만화의 성립 과정을 그대로 조선에서 후체험하고 있는 것이라고 할 수 있다.

(2) 만화로 읽는 '조선' 서사

『조선만화』에서 확인할 수 있는 도리고에의 '조선에 관한 지식'을 구성=생산하는 실천은 아래 잡지 『조선』의 지면 속 만화처럼 지면의 글로부터 독립적인 만화 자체의 나름의 서사성을 만들어내는 데 있다고 할 수 있다.

그림4) 『조선』13호(1909.3), p.16

이 지면의 글 제목은 「한국경찰에 대해서」이다. 하지만 그와는 전혀 무관한 '조선 명물'이라는 제목의 '석합전(石合戰)' 즉 돌싸움을 그린 만화가 실려 있다. 이 만화는 『조선만화』에 수록된 29번과 동일한 작품이다. 사실 도리고에가 조선을 떠난 후에 실린 것이기 때문에 『조선만화』의 것이 재수록된 만화인 것이다. 이렇게 서로 무관한 글과 만화의 지면 구성은 글과 만화 모두 독자적인 서사를 지닌 것임을 의미한다. 즉 도리고에의 만화가 그 자체로 독자적인 서사성을 지니고 있음을 확인할 수 있다.

(3) 연속 컷의 풍자만화

심지어는 아래와 같이 쪽수를 달리 하는 4칸 혹은 5칸 만화를 통해 같은 지면의 글 내용과는 전혀 상관없는 이야기를 그린 만화도 있다.

그림5) 『조선』제2호(1908. 4) — 1번:p.75 / 2번:p.76 / 3번:p.77 / 4번:p.81

*자전거를 타고 가던 양반이 한 여인에게 말을 걸러 간다. 자전거를 세워두고 여인에게 말을 거는 양반. 그런데 국적 불명의 옷을 입은, 아마도 중국인인 듯 보이는 한 사람이 나타나 세워둔 자전거를 도둑질해 간다. 그에 놀란 자전거 주인 양반이 황급히 그 도둑에게 달려가지만 도둑은 웃음을 짓고 있다.

그림6) 『조선』제4호(1908. 6)—1번:p.37 / 2번:p.41 / 3번:p.45 / 4번:p.47

*의자에 앉아 있는 여인에게 수작을 걸기 위해 곁으로 다가가 앉은 양반. 그 앞에는 강아지가 한 마리 평온하게 앉아 있다. 그런데 여인이 양반의 수작을 알고 일어서자 의자가 기울어져 그 반대편에 앉았던 양반이 넘어지고 그의 기다란 장죽이 부러진다. 그 곁의 강아지가 놀라 짖고 있다. 놀란 강아지는 양반에게 분풀이라도 하듯 갓과 옷을 물어뜯는다. 난망하고 초라한 몰골이 된 양반이 물어뜯은 옷을 물고가는 것을 망연히 바라보고 있다.

216 • 조선만화

그 외에도 그림 안에 대사나 감정을 글로 적어 넣어 연속 컷 만화를 그리기도 했다. 이처럼 도리고에는 잡지『조선』을 통해 국경을 넘어 체험한 조선이라는 장소를 만화로 자유롭게 서사화하고자 했던 것이다. 그런 자유로움이란 특히 기존 삽화가 글에 대해 구속을 받을 수밖에 없는 한계를 넘어설 수 있게 했으며, 언어나 통계로는 담을 수 없는 그 바깥의 것들을 시각화할 수 있게 했다. 그것은 바로 잡지『조선』의 지면을 통해 만화라는 장르의 독자성을 획득하고, 또한 스스로가 만화가라는 자기동일성에 대해 집착했기 때문에 가능했던 것이라고 할 수 있다.

이상과 같이『조선만화』소재의 만화와 글 사이의 관계는 당연한 얘기지만 필연적으로 상호텍스트성을 지닐 수밖에 없다. 하지만 그것을 염두에 둘 때『조선만화』속 만화의 존재양상을 살피면 더욱 흥미로워진다. 가령,『조선만화』의 20번 '조선집의 부엌'은 도리고에가 본국으로 돌아간 후 잡지『조선』(1910.11)에 실린 것이다. 그리고 그 외의 만화도 1909년 1월에 발간된『조선만화』에 수록된 이후 대개 잡지『조선』에 재수록된 것들이다. 심지어는 호를 달리하여 재삼 수록된 것들도 있다.『조선만화』발간 이전에 수록된 만화는 만화의 제목으로 보자면 '38. 우중(雨中)의 한인(韓人)' '42. 참외' '47. 만사태평한(暢気な) 차부(車夫)' 등 3편 정도이다.『조선만화』와 잡지『조선』이 모두 일한서방에서 간행된 것이기에 재수록이 가능했다고 볼 수 있다. 하지만 잡지『조선』이 1909년 3월부터는 조선잡지사에서 간행되었는데도 그 이후 오히려 재수록되었던 작품 수가 많았다. 그것은 그의 만화가 지닌 독자적 서사성 때문에 가능했던 일이다. 즉 도리고에가 잡지『조선』에 그린 만화들은 지면의 글과는 별도의 서사성을 지닌 그림이었다고 할 수 있다.

또한『조선만화』의 발행과 도리고에가 조선을 떠난 시점이 거의 동

일하며 또 발행 직후에 가장 많은 만화가 재수록된 점에서 볼 때, 그것은
『조선만화』가 도리고에가 귀국 직전에 기획한 출판물이며, 또 그즈음에
대부분 그려진 것일 가능성이 높다는 사실을 의미한다. 만화를 통한 문
화번역의 한 과정이었던 그 작업은 단순히 타자 경험의 하나로 그치는
것이 아니었다. 도리고에는 사실 『조선만화』 속 만화 이외에도 많은 작
품을 잡지 『조선』에 남기고 있다. 그중에는 「시사평론」란에 게재되어 기
사의 내용을 함축적으로 보여준 시사만화뿐만 아니라, 일부 소설의 삽
화, 그리고 고마에(コマ絵)[11]라고 불리는 장식화도 있다. 그럼에도 불구하
고 독자적인 서사를 지닌 만화에 집착해 『조선만화』를 간행한 경험은 뒤
에서 살피겠지만, 국민적 상상력이 동원된 국민사의 욕망으로 전유된다.
그 결정적인 결과물이 바로 일본 최초의 만화사인 『일본만화사』의 집필
이라고 할 수 있다. 그는 1927년에 다시금 일본의 바깥 세계를 화폭에 담
는다. 도쿄 8대 신문의 만화기자들과 함께 고베(神戸)에서 해로를 거쳐 대
련(大連)에 상륙하여 만주와 조선을 그림으로 담는다. 그것이 『만화의 만
주(漫畵の滿洲)』(大阪屋號書店)인데, 그것은 어디까지나 여행자의 시선이었
다. 하지만 아쉽게도 거기에는 조선에 관한 만화가 지면 관계상 모두 생
략된다.

---

11 삽화의 일종으로, 일반적으로는 글의 내용과 전혀 관계없는 그림, 즉 장식화의 일종을 의미
한다.

なのだ、彼等は年齢僅かに十五六才と見ゆるが、田舎者なのだ、蝎甫のみならんや、妓生等も皆な亭主持で、亭主が妓夫蝎甫屋の外に立つて居る斯種の小ヨボ妓夫は、少し提げて居る、日本人が通ると、ヨンガミさんぐと、けふ、默つて行き過ぎやうとすると、見るばかり寵し先づ代物を見てから氣に召したら買ひなされと囁を欺して淫賣させて、焦るゝなんとしてははならぬ、餘り平凡な文句だ。兔に角十五六才の妓夫

IV 국민문화사에의 욕망―일본 최초의 만화사

と言った日本名と甚だ似通ふた意味を感ずる。韓人は○○○○の下等淫売婦の信用に加はらず、我邦の娼妓と同じく公然の営業だ、朝鮮では無いから、蝎甫屋は随所の小路に酒屋八百屋と同じく、取締りも検徴も有ったものに非ず、何れも無いから、夕方から通行人を引込む。近頃は、邦人の彼等は皆な多少日本語を語る、宮田が込む了見と見わ、彼等は皆な多少日本語を語る、宮田旦那ヨンガミさんに上りなッさいと素見客を呼ぶ。

조선에서 귀국 후 도리고에는 호소키바라 세이키(細木原青起)라고 개명한다. 그리고 앞서 언급했듯이 다카하마 교시의 소설 『조선』이나 나쓰메 소세키의 『도련님』의 삽화를 그리는 등 주로 만화가로서 각종 만화잡지나 신문을 통해 많은 활동을 하였다. 그런 그는 만화라는 독립된 장르의 기치를 들고 조직된 일본만화회의 주요 회원으로도 활동했다. 또한 그는 대표 저서로서 1924년에 발간된 일본 최초의 만화사인 『일본만화사』(雄山閣)를 남기고 있다. 그 저술 배경을 잠시 살펴보자. 그는 '권두변'에서 "독립된 예술"로서의 만화를 강조하고, 자신은 "화인(畵人)이지 문필의 인간이 아니"라면서도 "일본 재래 만화의 성쇠, 추이"를 밝힌 책이 한 권쯤은 있어야 하지 않을까 하는 생각에서 집필을 시작했다고 한다.[12]

하지만 본문에 들어가서는 만화를 정의하는 데 주저한다. "도무지 만화에는 정의가 없다. 방식도 없고 형식도 없으며, 재료를 고르지 않고 취재를 하지 않으며 자유분방한 방제(放題)인 것"[13]이라고 말한다. 그 정의를 위해 결국 '순정 미술'과 비교한다. '순정 미술'이 '미 그 자체'에 제일의(第一義)를 두고 있다면, 만화는 "인세(人世)의 기미(機微)로 파고들어가 그 진상을 꿰뚫는 것을 제일의에 두고 미는 그 다음에 두기" 때문에 형식과 표현에서 '대(大)자유'가 있다고 말한다.[14] 이와 같은 정의는 만화가 최근 "미술계의 일각에서 융기하여 민중의 대세에 일미(一味)의 청량

---

12 細木原青起, 「卷頭辯」, 『日本漫畵史』, 雄山閣, 1924, p.1. "자신은 (만화사를 쓸—인용자) 그런 자격이 안 된다"고 밝힌 것은 문학사나 미술사가 주로 아카데미즘(특히 미술사의 경우는 왕권)의 권위와 범주에서 이뤄진 점을 염두에 둔 발언이다. 거기에는 또한 하위장르의 창작자라는 자의식도 내재되어 있다고 할 수 있겠다. 특히 일본미술사의 성립과 내셔널리즘의 문제는 佐藤道信의 앞의 책, pp.216~226 참조.
13 細木原青起, 위의 책, p.2.
14 위의 책, p.3.

제로서 필수의 예술"¹⁵이 되었다고 했듯이, 오히려 근대의 산물로서 인식하고 있기 때문에, 만화사 기술의 곤란함 혹은 불가함을 말하는 것인지 모른다. 그렇지만 그것을 가능케 한 것은 "미가 제일의를 이루고 실상이 제이의(第二義)가 되어 있거나 실상도 없이 단지 골계화라고 칭하는 것"과 같은 바로 가쓰시카 호쿠사이(葛飾北齋)¹⁶ 미술의 존재 때문이었다. 그는 계급제도가 존재하는 상황에서 미술이 상류사회의 '완상물'로 취급되었기 때문에 "만화미(漫畵味)를 띤 미술이 빈곤"했다고 지적한다.¹⁷ 그런 이유로 근대에 들어 만화라는 장르를 통해 비로소 획득된 미학이 바로 '만화미'인데, 그것을 기준으로 삼아 그 기원을 소급하여 그 대상들을 찾는 방식으로 만화사를 기술했던 것이다. 그러면서 그는 오히려 일본 만화가 성립할 수 있었던 이유를 재래 일본 미술의 특징에서 찾고 있다.

> 이러한 점(서구와 달리 과학적 사상이 빈곤했기 때문에 만상의 부분 부분을 종합하여 하나의 개념으로 삼아 그것으로 상상상(想像上)의 예술을 고안하는 방법 – 인용자)이 일본인의 특기로 삼는 바이며 가령 하나의 풍경화를 그린다고 하자. 저 편의 산과 이 편의 물, 우(右)의 수목과 좌의 바위라는 식으로 다양하게 모아서 색채도 적절하게 배색하여 하나의 독립된 것을 창작해낸다. 거기에는 자연의 진(眞)은 없으나 필자의 개념에

---

15 「卷頭辭」, 앞의 책, p.1.
16 가쓰시카 호쿠사이(葛飾北齋, 1760?~1849)는 에도(江戶) 시대 후기의 우키요에(浮世繪) 화가. 대표 작으로는 『부악삼십육경(富嶽三十六景)』과 『후쿠사이만화(北齋漫畵)』가 있다. 우키요에 판화 이외에 풍경화, 육필 우키요에, 독본의 삽화, 그림책 등 3만 점 이상의 다양한 작품을 남겼다.
17 위의 책, p.5.

서 나온 진실을 구할 수 있게 된다.[18]

당시 일본 지식 혹은 예술계 안에서는 하위장르에 불과했던 만화에 대한 그의 집요한 집착을 엿볼 수 있는 대목이다. 하지만 이 문장은 그가 유일하게 잡지 『조선』에 남긴 앞서의 비평문 「미감 없는 나라(美感なきの国)」[19]의 마지막 부분을 연상시킨다.

> 만약 (미술가가-인용자) 있다고 한다면 흔히 온돌에서 보는 병풍의 그림에 물고기가 땅에서 헤엄치고, 강이 나무 위로 흐르고, 산 위에 바다가 있는 듯한 거의 아이들과 같은 그림만 그릴 수 있는 정도일 것이다. 요컨대 그들은 관찰력 및 상상력이 빈곤한 결과이다. 즉 오감이 지둔한 결과이다.[20]

본래 「미감 없는 나라」에서는 '망국'이라는 말로 대표되는 조선 문명을 전제로 미술도 무시되어 "미라는 감념(感念)"을 상실했다고 주장하고[21], 조선인을 오감 자체가 지둔하고 불결한 존재로 스테레오타입화한다. 고작 미술이라고 해봐야 "온돌방에서 보는 병풍의 그림" 정도라고 하여 제시하는 문장은 앞서 '일본 미술'의 특징에 대해 인용한 문장을 연상케 한다.

---

18 앞의 책, pp.4-5.
19 鳥越靜岐, 「美感なきの国」, 『朝鮮』 8호(1908.10) pp.46-49.
20 위의 글, pp.48-49.
21 위의 글, p.47.

위의 두 인용문에서 풍경화는 모두 '과학적 사상'의 빈곤(일본)과 '관찰력'의 빈곤(조선)이 낳은 결과물로 단정되어 있다. 하지만 전자는 '상상의 예술'을 낳은 반면, 후자는 '오감이 지둔한 결과'를 초래한다. 이렇듯 다분히 아프리오리적으로 획득된 판단이 『일본만화사』의 근저에 흐르는 인식이었다. 다시 말해 조선 미술과의 차이화, 그것의 실제 경험을 통해 그는 일본 미술이나 일본 만화의 동일성과 역사를 구성할 필요성을 느꼈던 것이라고 할 수 있다. 거기에다가 일본 지식계 혹은 예술계에서는 하위장르로 치부되었던 만화나 그것을 창작하는 자로서의 자기동일성에 대한 집착이 동력이 되어 최초의 일본만화사가 완성되었다고 하겠다.

『일본만화사』의 마지막에는 「메이지에서 다이쇼(大正)에의 신(新)만화」라는 장이 설정되어 있다. 그리고 그 하부 항목으로서 「만화잡지와 저서」와 「신문만화와 만화제 그 외」를 설정하여 내용을 채우고 있다. 이 장은 도리고에가 자신이 만화가로서의 길을 걷기 시작한 시기, 즉 동시대의 만화계의 흐름을 정리한 것이다.

> 그리고 다음에 일어난 만화는 메이지 38년(1905년-인용자)에 창간된 도쿄팍(東京パック)[22]이었다. 기타자와 라쿠텐(北沢楽天)이 주재했

---

22 도쿄팍: 1905년 기타자와 라쿠텐(北沢楽天)이 창간한 대형 칼라 만화 잡지. 『지지신보(時事新報)』에 그린 시사만화가 인기를 얻어 일약 유명인이 된 라쿠텐이 미야타케 가이코쓰(宮武外骨)의 『곳케이신문(滑稽新聞)』의 성공에 자극받아, 그때까지 없었던 새로운 만화잡지를 목표로 창간한 것이 「도쿄팍(東京パック)」이었다. 「도쿄팍」은 전체 페이지를 칼라만화로 도배한 화려한 잡지로, 문장을 가능한 억제해 추진력 있는 만화를 그린다는 편집방침이 큰 반향을 불러일으켰다. 『마루마루진문(団団珍聞)』이나 「곳케이신문」보다 고가였음에도 불구하고 폭발적으로 팔렸다. 이 성공으로 라쿠텐은 운전기사가 달린 자동차를 타고 다닐 정도로 많은 수입을 얻어, 만화만 그려 생활하는 직업만화가 제1호로 불린다. 라쿠텐의 성공으로 만화가가 되려는

기 때문에 아메리카식의 화법을 도입해 제대로 당시 인기에 편승하여 대단한 기세로 발전했다.

다름 아니라 그것은 전문만화잡지로서 아직 일본에는 없었던 시도이며, 석판(石版) 4도 인쇄의 채색화인 것과 정치 및 그 당국자를 풍자하고 비꼬는 것 등이 시의에 편승했던 것이다. 그러나 그 풍자와 비꼼도 신랄하게 뼈속을 찌르는 정도는 아니라 대단히 나약한 것이었다고 해도 그림을 가지고 위정자를 풍자한다는 것이 하나의 혁명이자 헌법반포 이래 언론의 자유는 있었어도 아직 직접 눈에 호소하는 것이 적었을 때, 게다가 그것을 전문으로 한 잡지가 출현한 것이기 때문에 사계(社界)는 호기심을 가지고 이것을 환영했을 따름이다.[23]

「도쿄퍽」에서부터 시작되는 이 장에서는 「라쿠텐퍽」, 「가정(家庭)퍽」, 「방촌(方寸)」 등의 만화전문잡지를 비롯해 「만화천지(漫畵天地)」(小杉未醒)나 「草汁漫畵」(小川芋錢) 등의 만화저서에 대한 소개와 당시 신문만화의 성격과 흐름에 대해 기술하고 있다. 이렇게 볼 때 그것들은 도리고에 자신의 활동에 관해서는 적고 있지 않지만, 그가 조선에서 잡지 『조선』과 『경성일보』, 그리고 『조선만화』를 통해 이미 동시에 활동한 내용과 겹치

젊은이들이 등장하기 시작했다. 또 「도쿄퍽」이 인기를 얻자 같은 종류의 만화잡지가 다수 출판되었을 정도로 「도쿄퍽」의 출현은 그 후의 만화계에 심대한 영향을 주었다. 「도쿄퍽」은 러일전쟁 이후의 정치, 외교, 풍속 등 갖가지 분야에 대해서도 만화로 그려놓아 흥미로운 자료를 제공하고 있다. puck은 셰익스피어의 「한여름밤의 꿈」에 등장하는 장난꾸러기 요정이다. 이 요정 이름을 처음 풍자화 잡지에 사용한 사람은 1876년 정치 사회 풍자를 중심으로 한 「퍽」지를 발간했던 조셉 케플러(Joseph Keppler)다. 이 잡지의 영향을 받아 일본에서는 「도쿄퍽」, 「퍽」, 「오사카퍽」 등이 창간되었다. (유모토 고이치, 연구모임 수유+너머 동아시아 근대 세미나팀 옮김, 『근대일본의 풍경』, 그린비, 2004, p.149.)

23　細木原青起, 앞의 책, pp.223-234.

는 부분이라고 할 수 있다. 그에 후술되는 만화축제나 만화협회의 조직 등은 그가 조선에서 돌아와 직접 활동했던 내용들이었다.

> 소위 고마에(コマ絵)의 삽입으로 만족하던 잡지는 말할 것도 없고 고급을 표방하고 삽화(さしえ)와 같은 것은 제외하던 잡지까지가 대세에 순응하여 만화를 삽입할 정도까지 이르렀다. (중략) 현재 2, 3종의 특종 잡지를 제외하면 잡지라는 잡지는 만화가 실리지 않는 것이 없을 정도가 되었다.
>
> 만화라는 독립된 하나의 기치를 내세우고 만화가라고 칭하는 독립된 전문가가 나타나 만화회(會)라고 칭하는 단체가 출현하여 만화라는 것의 성질이 애매하지만 정의되어 만화의 생명적인 것이 사회에서 인정되기 시작한 오늘날의 형세는 대략 전술한 것과 같은 경로를 밟아오고 있다.[24]

위의 인용문은 호소키바라(細木原), 즉 도리고에가 스스로를 "화인(畵人)이지 문필의 인간이 아니"라면서도 어떻게, 왜 『일본만화사』를 썼는지를 문맥적으로 이해시켜주는 대목이다. 우선, 여기에서는 '고마에' '삽화' '만화'를 위계적으로 구분하는 의식을 발견할 수 있다.[25] 특히 독립된 예술장르로서 만화의 성립에 주목하는데, 그것은 잡지라는 매체 안에서

---

24 앞의 책, pp.232~233.
25 이 점에 대해서는 앞서 언급했듯이, 잡지 『조선』에 도리고에가 '고마에' '삽화' '시사만화' '만화'를 모두 그렸지만, 유독 『조선만화』에 수록될 만화류에만 'セイ' 혹은 'セイキ'라고 서명한 점을 보더라도 알 수 있다. 그만큼 자신의 만화 속 서사의 중요성과 스스로를 만화가로 자기동일화하려는 의식이 강했다고 할 수 있겠다.

고마에(コマ絵)에서 삽화로, 그리고 독립된 만화로 그 위상을 획득해가는 과정, 즉 만화라는 장르 성립 과정 그 자체인 것이다. 그리고 그것을 담당하는 주체로서 만화가나 '만화회'와 같은 그들 조직의 성립에 주목했다. 하지만 『일본만화사』의 성립에 무엇보다 중요한 계기는 그 자신이 만화가 혹은 만화저널리스트로서의 자의식에 집착했다는 사실일 것이다.

호소키바라에게 지면의 글에 종속된 삽화가 아닌 그로부터 독립적인 서사를 지닌 만화를 그렸던 경험이 없었다면, 우선 『일본만화사』는 성립할 수 없었을 것이다. 이미 앞서 논해온 바처럼, '미감 없는 나라'라는 조선에서 잡지 『조선』의 창간과 동시에 한껏 그린 만화와 『조선만화』의 출간은 그가 만화가 혹은 만화저널리스트로서 자의식을 획득하는 데 무엇보다 중요한 경험이었다. 하지만 그 경험이 오히려 지극히 내셔널한 상상력을 발휘케 하는 동력으로 작동했다. 내셔널한 상상력의 산물인 듯 보이는 『일본만화사』에는 이렇듯 국경을 넘어 만화로 그려낸 조선에 대한 문화번역의 경험이 그 근저를 관통하고 있음을 확인할 수 있다.

색인

가쓰시카 호쿠사이(葛飾北齋) 224
가와히가시 헤키고도(河東碧梧桐) 25
가정(家庭)쩍 227
가쿠치 겐조(菊地謙讓) 15
경성 낭인(浪人) 209
경성박람회 53
경성일보(京城日報) 174, 175, 227
고마에(コマ絵) 218, 228, 229
고바야시 우사부로 178
고스기 미세 189
고스기 호안 189
고킨와카슈(古今和歌集) 33, 159
구로다 세이키(黑田淸輝) 174
구로사키 슈사이(黑崎修斎) 175
국민의 일본사(國民の日本史) 24
菊地謙讓 178
근사화보(近事画報) 189
기타자와 라쿠텐 226

나는 무솔리니로다(我輩はムッソリーニで
　　　ある) 24
나쓰메 소세키(夏目漱石) 25, 223
니시무라 신타로(西村真太郎) 184

다카기 도시오(高木敏雄) 175
다카타 사나에(高田早苗) 24
다카하마 교시(高浜虚子) 25, 223
대동신보 175
대원군전 한국최근외교사 178, 187
도련님(坊っちゃん) 25, 223
도리고에 19, 23, 27, 38, 117, 125,
　　　175, 189, 200, 210, 212, 217,
　　　218, 223, 226, 227, 228
도리고에 세이키(鳥越静岐) 16, 25, 46,

174, 189
도분칸(同文館) 출판사 177
도요토미(豊臣秀吉) 121
도쿄니치니치신문(東京日日新聞) 175
도쿄미술학교 174
도쿄퍽(東京パック) 226, 227

만화천지(漫畵天地) 227
메이지태평기(明治太平記) 25
모리야마 177, 178
모리야마 아키라노죠(森山章之丞) 177
모리야마 요시오 176
무라야마 지준(村山智順) 77
무정 176
민유샤(民友社) 15

ㄹ

라쿠텐퍽 227
로마사(羅馬史) 24

ㅂ

薄田斬雲 178
방촌(方寸) 227

ㅁ

마에다 미쓰요(前田光世) 24
만세전 183
만화의 만주(漫畵の滿洲) 218

사기 47

사카아사히신문(大阪朝日新聞) 175
사토 도신 174
생번 183
샤쿠오 슌조(釋尾春芿) 209
샤쿠오 이쿠오 182
석진형(石鎭衡) 182
세계동물담화(世界動物譚話) 신이솝우화
　　　(新イソップ物語) 175
세계횡행유도자수업(世界橫行柔道武者
　　　修業) 24
소설『조선』 223
식민지재정론(植民地財政論) 178
신노부 쥰페이 15
신선 한국지리(新選 韓國地理) 178, 187

암흑의 조선(暗黑なる朝鮮) 24, 25, 49,
　　　178, 184

에비챠(海老茶) 53
염상섭 183
오구라백인일수(小倉百人一首) 159
오카쿠라 덴신 174
온돌회 18, 19, 27
요보 36, 38, 59, 60, 62, 75, 84, 86,
　　　108, 111, 115, 116, 118, 121,
　　　126, 127, 130, 139, 158, 166,
　　　181, 182, 183, 184
요보국 192
요보기(ヨボ記) 22, 24, 25, 39, 47, 178,
　　　181, 184, 189
『요보기(ヨボ記)』도 단순한 서술 207
『요보기(ヨボ記)』(薄田斬雲) 180
요보들 191
요보[韓人] 92
요보(ヨボ) 20, 37
우메 겐지로(梅謙次郎) 172
우사가와 가즈마사 211
우사가와(宇佐川) 211
우스다 38, 61, 87, 93, 117, 120, 156,

　　　　162, 181, 185, 191, 197, 200
우스다 잔운(薄田斬雲) 16, 18, 24, 49,
　　　　125, 174
우스다 잔운의 『요보기』 189
이건영 172
이광수 176
이순신 120, 121
이시즈카 에이조 172
이케다 카메타로(池田龜太郞) 161
이토 히로부미(伊藤博文) 54, 171
일본만화사 27, 218, 223, 226, 228,
　　　　229
일본만화회 223
일본미술원 174, 175
일한상품박람회 53
일한서방 23, 176, 177, 180, 208, 217

잡지 『조선』 35, 46, 174, 175, 177,
　　　　180, 200, 208, 209, 210, 212,
　　　　213, 217, 218, 225, 227, 229
정기(靜岐, 세이키) 19
조선 25, 28, 29
조선구관제도조사(朝鮮舊慣制度調査) 171,
　　　　172
조선급만주 182
조선만화 15, 16, 19, 21, 22, 23, 24,
　　　　27, 28, 31, 32, 33, 35, 36, 46,
　　　　49, 58, 81, 132, 137, 171, 174,
　　　　175, 189, 200, 204, 207, 210,
　　　　213, 214, 217, 218, 227, 229
『조선만화』(薄田斬雲 글/鳥越靜岐 그림) 178
조선 붐 175
조선왕국(朝鮮王國) 15, 173
朝鮮の鄕土娛樂(조선총독부 편, 1941) 77
조선잡기(朝鮮雜記) 15, 173

ㅊ

천하의 기자 24
草汁漫畫 227
총각 36, 38, 86, 184
총개[韓童] 68, 75, 78, 92, 106, 108, 110, 136, 148, 153, 166
총개[チョンガ] 37

ㅌ

태양 24

ㅍ

편운집 24

ㅎ

하쿠분칸(博文館) 177
한국풍속풍경사진첩(韓國風俗風景寫眞帖) 185
한국풍속인정기 187
『한국풍속풍경사진첩』 1, 2, 3집 23
한국풍속풍경사진첩(韓國風) 178
한반도(韓半島) 15
한보 옛날이야기(半峰昔ばなし) 24
한성신보 175
호소키바라 세이키 223
호소키바라(細木原) 228, 229
호토토기스(ホトトギス) 25
혼마 규슈케(本間九介)의 『조선잡기』 81
혼마 규스케(本間久助) 15
후지와라 데이카 159

100년 전 조선, 만화가 되다
조선만화

초판 1쇄 발행일 2012년 7월 31일

지은이 한일비교문화세미나
펴낸이 박영희
편집 이은혜·김미선·정민혜·장은지·신지항
인쇄·제본 AP프린팅
펴낸곳 도서출판 어문학사
　　　　서울특별시 도봉구 쌍문동 523-21 나너울 카운티 1층
　　　　대표전화: 02-998-0094/편집부1: 02-998-2267, 편집부2: 02-998-2269
　　　　홈페이지: www.amhbook.com
　　　　트위터: @with_amhbook
　　　　블로그: 네이버 http://blog.naver.com/amhbook
　　　　　　　　다음 http://blog.daum.net/amhbook
　　　　e-mail: am@amhbook.com
　　　　등록: 2004년 4월 6일 제7-276호

ISBN 978-89-6184-269-3 93380
정가 14,000원

이 도서의 국립중앙도서관 출판시도서목록(CIP)은 e-CIP홈페이지(http://www.nl.go.kr/ecip)와
국가자료공동목록시스템(http://www.nl.go.kr/kolisnet)에서 이용하실 수 있습니다.
(CIP제어번호: CIP2012003103)

※잘못 만들어진 책은 교환해 드립니다.